Edition Paashaas Verlag

AF191403

EPV

Krimiparty
Sonderausgabe 8

Der fast perfekte Mord
Ein Sylt-Krimi

Autor: Cornelia H.-Müller
Cover-Motiv: privat
Cover designed by Michael Frädrich
© Edition Paashaas Verlag, www.verlag-epv.de
ISBN: 978-3-945725-84-9
Printed: BoD, Norderstedt
Neuerscheinung September 2016

Die Deutsche Nationalbibliothek verzeichnet diese
Publikation in der Deutschen Nationalbibliografie; detaillierte
bibliografische Daten sind im Internet über http://dnb.d-nb.de
abrufbar.

Inhaltsverzeichnis

Einleitung

Mithilfe dieses Buches können Sie zu Hause gemeinsam mit Ihren Familienmitgliedern und Gästen auf Tätersuche gehen. Sie tauchen ein in einen spannenden Mordfall, ermitteln, befragen und bewerten Tatsachen und Aussagen.

Dabei werden von niemandem schauspielerische Fähigkeiten verlangt. Sie sitzen mit Ihren Mitspielern in gemütlicher Runde beisammen und versuchen gemeinsam, dem Täter auf die Spur zu kommen!

Zu diesem Krimi gibt es eine Geschichte des Verbrechens, die in der Runde vorgelesen wird und darüber informiert, was passiert ist, sowie Rollenbeschreibungen für alle Mitspieler und eine schlüssige Auflösung.

Der Krimi ist so angelegt, dass an einem Ort ermittelt wird. Ob Sie also im Wohnzimmer oder im Freien während eines Grillfestes versuchen, mit Ihren Gästen den Fall zu lösen, spielt keine Rolle.

Das Buch ist mit dem Internet gekoppelt.
Das benötigte Zubehör können Sie ganz einfach herunterladen und ausdrucken. Einladungen, Namensschilder, Kurzbeschreibung und Rollentexte finden Sie auf:

http://www.verlag-epv.de im Bereich Download Krimiparty.
Ihre Zugangsdaten lauten:
Benutzername: krimipartysylt
Passwort: hmueller16

So funktioniert ein Mitspielkrimi!
Erklärungen zur Durchführung

Lesen Sie die Grundgeschichte und die dazu gehörenden Rollen bitte gründlich durch. Überlegen Sie, welcher Mitspieler welche Rolle übernehmen soll. Es ist kein Problem, wenn einmal eine Dame eine Herrenrolle übernimmt oder umgekehrt. Wenn Sie allerdings auch mit ermitteln wollen, ohne zu wissen, wer der Täter ist, vergeben Sie die Rollen blind und lesen Sie keinesfalls die Auflösung durch. Auf diese Weise werden auch Sie als Gastgeber zum "echten" Ermittler.

Haben Sie einen Internet-Anschluss? Dann können Sie unter **www.verlag-epv.de** die einzelnen Rollen für Ihre Gäste herunterladen und ausdrucken. Sollten Sie diese Möglichkeit nicht haben, kopieren Sie sie aus dem Buch.

Die Rollentexte bestehen aus 2 Blättern; dem Vorstellungstext und den geheimen Hinweisen. Wir empfehlen, die Texte erst am Spielabend selbst an die Mitspieler zu vergeben.
Wenn Ihre Gäste aber bereits entsprechend gekleidet zu Ihrem Ermittlungsabend kommen sollen, können Sie die Vorstellungstexte mit der Einladung versenden.
Weisen Sie in diesem Fall aber bitte darauf hin, dass diese Texte zum Spielabend wieder mitgebracht werden müssen. Die geheimen Hinweise werden auf jeden Fall erst am Spielabend selbst vergeben.

Bereiten Sie Namensschilder mit den Rollennamen für Ihre Gäste vor, diese werden am Spielabend mit einem Klebestreifen oder Klämmerchen für alle sichtbar angeheftet. Auch diese sind im Internet zum Download hinterlegt.

Drucken Sie für jeden Gast eine Kurzbeschreibung aus; sie erleichtert den Einstieg und hilft, sich die neuen Spiel-Namen zu merken.

Der Spielablauf

Ihre Gäste werden sicher schon sehr gespannt sein, was sie erwartet. Damit Ihr Krimiabend zum Erfolg wird, noch folgende Tipps:

Schaffen Sie eine gemütliche Atmosphäre und vermeiden Sie zu helles Licht. Stellen Sie Kerzen oder kleine Lichter auf; dies schafft den richtigen Rahmen. Legen Sie bitte für jeden Gast Papier und Stift bereit. Notizen zur Geschichte und zu den einzelnen Aussagen der Mitspieler sind wichtige Stützen bei der Ermittlungsarbeit. Halten Sie bitte auch für jeden Gast die ausgedruckte Kurzbeschreibung des Falles bereit.

Haben Sie ein Abendessen für Ihre Gäste vorgesehen?

Wenn Sie ein Menü mit mehreren Gängen servieren, gehen Sie wie folgt vor:

Verteilen Sie vor der Vorspeise die Namensschilder. Jeder Gast weiß nun, wen er heute Abend charakterlich vertritt.

Lesen Sie nach der Vorspeise die Geschichte vor. Es ist in der Geschichte vermerkt, an welcher Stelle die Handlung unterbrochen werden kann, um den Hauptgang zu genießen. Auf diese Weise wird Ihr Abend zu einem richtigen Krimidinner.

Danach erhält jeder Gast seine persönliche Rolle, die aus Vorstellungstext und Hinweisen (Geheimtext) besteht. Diese Texte werden nun von den Mitspielern diskret studiert. Wenn alle Gäste soweit sind und ihre Rolle gelesen haben, beginnt die Vorstellungsrunde. Alle Mitspieler lesen reihum ihren Vorstellungstext vor.

Der geheime Text enthält weitere Informationen und ergänzt die Geschichte; er wird nicht vorgelesen, sondern bietet Hintergrundwissen, welches jede einzelne Person zum Ermitteln benötigt und dann nach eigenem Geschick in die Ermittlungen einbringen kann. Der Mörder erfährt in seinem Geheimtext auch, dass er der Täter ist.

Nach der Vorstellungsrunde beginnen die Ermittlungen; durch Vorstellungs- und Geheimtext ergeben sich viele Fragen, die nun gestellt und beantwortet werden. Vergessen Sie die Zwischeninfos nicht!

Lügen, darauf sollten Sie Ihre Gäste noch einmal hinweisen, darf wirklich nur der Täter. Alle anderen müssen sich nahe an der Wahrheit orientieren.

Wenn die Ermittlungen abgeschlossen sind, verteilen Sie Zettel. Hier kann jeder seinen Namen und seinen Täterverdacht aufschreiben. Sammeln Sie die Zettel ein. Danach servieren Sie, wenn es vorgesehen ist, das Dessert.

Zum Abschluss lesen Sie als Gastgeber die Auflösung des Falles vor. Erst jetzt darf sich der Täter zu erkennen geben!
Geben Sie bekannt, wie viele Mitspieler anhand der

eingesammelten Zettel den richtigen Täter ermittelt haben – eventuell machen Sie daraus sogar ein kleines Gewinnspiel, indem Sie etwas verlosen. Das sorgt sicher noch einmal für viel Spaß. Das Schlusswort bietet den humorvollen Abschluss des Abends.

Wenn Sie kein Abendessen, sondern nur einen kleinen Snack planen, gehen Sie wie folgt vor:

- Begrüßung der Gäste und Verteilung der Namensschilder und der Kurzbeschreibung

- Verteilung von Papier und Bleistift für Notizen

- Vorlesen der Grundgeschichte

- Verteilen der Rollentexte

- diskretes Studieren der Rollentexte

- Vorstellungsrunde

- Ermittlungen

- Vergessen Sie die Zwischeninformationen nicht!

- Täterverdacht aufschreiben lassen

- Verlesen der Auflösung

- Bekanntgabe, wer richtig geraten hat - und wenn es vorgesehen ist, Ziehung des Gewinners

- Verlesen des Schlusswortes

Häufig gestellte Fragen zur Durchführung:

Frage: Weiß der Mörder, dass er der Täter ist?
Antwort: Ja, dies steht ausdrücklich im Geheimtext seiner Rolle.

Frage: Dürfen die Gäste schummeln und flunkern?
Antwort: Nur der Mörder darf dies tun. Die anderen sollten sich nahe an der Wahrheit orientieren.

Frage. Ich habe mehr Gäste als Rollen. Was nun?
Antwort: Wir haben in der Geschichte sogenannte Gastrollen vorgesehen. Wenn es heißt: 7-10 Mitspieler, gibt es 7 größere Rollen und 3 kleinere Gastrollen. Die größeren Rollen müssen, die Gastrollen können besetzt werden.

Sollten Sie die doppelte Anzahl Gäste haben, können Sie an 2 Tischen gleichzeitig spielen. Bereiten Sie Rollen und Zubehör zweimal vor, lesen Sie die Geschichte zentral vor und ermitteln Sie danach an 2 Tischen. Sie werden sehen, dass auch dies reibungslos funktioniert. Vermutlich werden die Tische zu ganz unterschiedlichen Ergebnissen kommen; es kommt immer ganz darauf an, wie sich die einzelnen Mitspieler verhalten.

Frage: Müssen alle Gäste ungefähr gleich alt sein?
Antwort: Nein. Wir haben in unseren Testrunden mit Personen verschiedenen Alters in gemischten Gruppen gespielt. Unsere Mitspieler waren von 16 bis 80 Jahre alt, und allen hat es großen Spaß bereitet!

Frage: Muss alles aus dem Vorstellungstext auch vorge-tragen werden?
Antwort: Ja, der Text der Vorstellungsrunde ist so angelegt,

dass er wichtige Informationen gibt, ohne die die Ermittlungen rasch langweilig werden.

Frage: Meine Frage war hier nicht aufgeführt; ich benötige Hilfe.
Antwort: Wenden Sie sich bitte an
glashauskrimi@glashauskrimi.de
und schreiben Sie der Autorin eine Mail. Sie wird Ihnen alle anstehenden Fragen zum Gelingen Ihrer privaten Krimiparty gerne beantworten.

Die Einladung

Wenn Sie Ihre Gäste schriftlich einladen wollen, können Sie z. B. diesen Text als Vorlage nutzen. Im Internet finden Sie eine vorbereitete Einladung, die Sie ausdrucken können.

Einladung zur Krimiparty
Tatort: _____

Die Ermittlungen beginnen am _____

um _____ Uhr.

Für das leibliche Wohl ist ebenso gesorgt, wie für spannende Unterhaltung, denn es gibt tatsächlich einen Mord aufzuklären. Klar, dass wir dabei deine/eure Unterstützung benötigen.

Falls ihr eine Lesebrille tragt, vergesst sie bitte nicht, denn ihr erhaltet selbstverständlich Akteneinsicht.

Ich würde mich sehr freuen, wenn du/ ihr komm(s)t.
Herzliche Grüße

Antwort bitte per Tel.

_____

Kurzbeschreibung „Der fast perfekte Mord"
Ein Mitspielkrimi für 7-11 Personen

Es spielen mit:
Ludger Hansen (42) – Kripo Schleswig
Martina Heber (24) – Studentin der Tiermedizin
Manuela Heber (45) – Galeristin Hamburg
Hartmut Heber (52)– Metzgermeister
Veronika Strahlemann (56) – Verkäuferin
Manni Hardenberg (48) – Musiker
Silvana Husch (38) – Sängerin
Markus Reich (42) – Geschäftsmann
Sowie, an dem einen oder anderen Tisch:
Renata Uppermann (56) – Krankenschwester
Ulf Beerenbaum – Polizeikommissar
Nelson (9) – der Golden Retriever der Familie Heber
Neutraler Beobachter

Zum Inhalt:
Wer mit dem Auto auf Deutschlands größte nordfriesische Insel reisen möchte, nimmt in der Regel den Sylt-Shuttle, der ab Niebüll in der Hochsaison jede halbe Stunde mit unzähligen Autos in Richtung Insel startet. An einem sonnigen Morgen Ende Juni war es ebenso; geduldig hatten viele Reisende in einer der Reihen vor den Kassenterminals gestanden und mit mehr oder weniger Mühe ein Ticket für die Hin- und Rückreise gezogen. Wer diese Hürde überwunden hatte, wurde von rot bewesteten Mitarbeitern der Bahngesellschaft auf den Shuttle gelotst. Ob man oben oder unten mitfahren durfte entschied die Höhe und Größe des Wagens und ansonsten das Zufallsprinzip. Schließlich war auch der letzte Wagen verladen und nach einer Durchsage mit Verhaltensregeln für die Überfahrt setzte sich der lange Zug in Bewegung.

Nach dem Ort Klanxbüll erreichte man den Hindenburgdamm, der den Reisenden endlich den lang ersehnten Blick auf die Nordsee freigab und gute 30 Minuten später war man auf der Insel.

Auf diesem Shuttle-Transport befanden sich an jenem Morgen u.a. der Rockmusiker **Manni Hardenberg**, die Sängerin **Silvana Husch**, der Geschäftsmann **Markus Reich** sowie die Hamburger Galeristin **Manuela Heber** mit ihrer Tochter **Martina und Nelson,** dem Golden Retriever der Familie. Noch ahnten sie alle nicht, dass die Ereignisse der nächsten Stunden sie zu einer Art Schicksalsgemeinschaft werden lassen würden.

<u>Und hier noch ein Wort zu den Spielregeln:</u>
Alle Mitspieler sollten sich nahe an der Wahrheit orientieren; schwindeln darf nur der Mörder. Dieser muss allerdings vorsichtig sein, denn wird er beim Schwindeln erwischt, glaubt man ihm gar nichts mehr!

Ich wünsche Ihnen viel Vergnügen und einen Mordsspaß!
Cornelia H.-Müller

Die Rollenverteilung

Dieser Krimi ist für ca. 8-11 Personen geeignet.
Bei 9 oder 10 Personen kommen dazu:
Renata Uppermann
Ulf Beerenbaum
Bei 11 Personen kann ein neutraler Beobachter mitspielen.

Sollten nur 7 Personen mitspielen, können Sie die Rolle von Ludger Hansen auslassen. Sein Wissen aus dem Vorstellungstext und den Hinweisen kann dann einem anderen Mitspieler (z.B. Manni Hardenberg) übergeben werden, der dann beide Rollen vertritt.

Manni Hardenberg bekommt im Laufe der Ermittlungen 4 Zwischeninformationen. Bitte vergessen Sie nicht, ihm diese während der Ermittlungsrunde ca. alle 5-7 Minuten, zu übergeben.
Diese Zwischeninformationen finden Sie bei den Rollentexten, im Anschluss an den Text von Manni Hardenberg.

Die Grundgeschichte zum Vorlesen
Der fast perfekte Mord -
Ein Mitspielkrimi von Deutschlands größter nordfriesischer
Insel, SYLT.
Von Cornelia H.-Müller

Das ist passiert:

Balthasar Wiegand war an diesem Freitag nicht mit dem Auto
sondern mit dem Personenzug aus Hamburg angereist.
Nach gut zweistündiger Fahrt mit der Nordostsee-Bahn stieg
er mit vielen anderen Reisenden bei sommerlichen
Temperaturen am Westerländer Hauptbahnhof aus. Er
durchquerte schnellen Schrittes die alte Bahnhofshalle und
trat hinaus auf den Vorplatz, auf dem sich seit Jahren die 4
grünen Riesen, eine bei den Syltern höchst umstrittene
Skulpturenfamilie nebst Gepäck, gegen den imaginären Wind
stemmte. Balthasar hatte an diesem Tag keinen Blick für die
bis zu 4 m hohen Gestalten. Er hatte im Zug eine Person
entdeckt, mit der er auf keinen Fall zusammentreffen wollte.
Eilig lief er mit seiner kleinen blauen Reisetasche hinüber
zum Busbahnhof. Das Glück war mit ihm; die Linie 3, die
nach Wenningstedt fuhr, stand gerade zur Abfahrt in den
Nachbarort von Westerland bereit.

Einen Tag später:
„Was glauben Sie, wie lange sitzt er hier schon?", fragte der
junge Polizist Ulf Beerenbaum seinen erfahrenen Kollegen
Kriminalhauptkommissar Ludger Hansen und blickte auf die
Leiche des gepflegt wirkenden und bereits ergrauten älteren
Herrn vor ihnen. Der Tote saß, ganz so als würde er schlafen,
leicht vorne über gebeugt in der Dunkelheit in einem der

Strandkörbe neben der hölzernen Hochzeitshütte am Leuchtturm in Hörnum. Diese Hütte stand etwas abseits von der Promenade und dem Strand in einem kleinen Seitenweg.

Normalerweise bietet man dort den frisch Vermählten, die sich im Trauzimmer des Leuchtturms da JA-Wort gegeben haben, gekühlten Leuchtturmsekt für 9,50 Euro die Flasche. Jetzt, mitten in dieser so lauschigen Sommernacht, bot die Hütte die Kulisse für einen Todesfall.

Ludger verabschiedete mit einem Kopfnicken den Notarzt, der gerade wieder in seinen Wagen stieg und abfuhr, und wandte sich dann seinem Kollegen zu.

„Schwer zu sagen", murmelte er und zog ein Paar Plastikhandschuhe aus seiner Jacke.

„Wann ging denn der Notruf ein?"

Ulf zog sein Notizbuch hervor.

„Um 2:30 Uhr hat ein junges Paar die Leiche hier entdeckt. Sie kamen von einer Feier am Strand und waren auf dem Heimweg."

Der Kommissar beugte sich zu dem Toten hinunter und streifte die Handschuhe über.

„Halten Sie mal die Taschenlampe her", sagte er und griff in die Jackentaschen des Toten.

„Ich hoffe, er hat Papiere dabei!"

Ulf kam der Aufforderung nach und lauschte hinüber zum Strand. In gut 300 Metern Entfernung, hinter dem Restaurant Südkap und der Surfschule, tummelten sich immer noch einige Personen bei lauter Musik und feierten ausgelassen eine Party.

„Die Fete ist ja wohl auch noch im Gange. Wer feiert denn da und sind die beiden, die die Leiche gefunden haben, noch hier?", fragte Ludger und zog einen Ausweis aus der Tasche des Verstorbenen.

Ulf bemühte erneut sein Notizbuch!

„Also", murmelte er dann, „die Party wird von Herrn Manni

Hardenberg und Frau Martina Heber gegeben. Und die Zeugen sind zwei junge Leute hier aus Hörnum. Sie sind am Abend irgendwie zufällig auf der Party gelandet. Ich habe die Anschrift; sie wohnen hier um die Ecke. Die junge Frau war so geschockt; ich habe sie nach Hause gehen lassen und hoffe, dass das okay war!"

Ludger nickte zustimmend, dann blätterte er den Ausweis auf.

„Halten Sie die Taschenlampe her, Ulf. Also, unser Toter heißt Balthasar Wiegand, ist 61 Jahre alt und kommt aus Hamburg! Geben Sie das mal an die Kollegen durch und kümmern Sie sich um die Abholung der Leiche. Äußere Verletzungen hat er nicht; der Notarzt meinte, es handelt sich vermutlich um einen plötzlichen Herztod. Ich gehe mal rüber zu der Party. Vielleicht war der Herr Wiegand ja auch dort oder jemand kennt ihn."

Ulf beugte sich noch einmal vor und leuchtete dem Verstorbenen mit der Lampe ins bleiche Gesicht.

„Was hat er denn da über dem Mund? Was soll das sein? Ein Scherz?"

Bevor Ludger antworten konnte, horchten die beiden Polizisten auf. In der Ferne erklang die Sirene eines Martinshorns und kurze Zeit später kam erneut der Notarztwagen um die Ecke und hielt gleich neben Ludger und Ulf an.

Der Notarzt sprang, wie eine gute Stunde zuvor bereits an fast gleicher Stelle, rasch aus dem Wagen und griff nach seinem Koffer.

„Scheint hier heute Abend ansteckend zu sein", rief er Ludger zu, bevor er sich umdrehte und Richtung Strand eilte.

„Wir haben an der Promenade eine männliche Person mit schwerer Kopfverletzung."

Am Morgen danach in der Nordsee-Klinik.

„Hallo, hören Sie mich?"
Die Stimme, die wie durch eine dichte Nebelwand zu ihm durchdrang, klang warm und weich aber unendlich weit weg.
Er hatte keine Lust aufzuwachen, aber die Stimme ließ nicht locker: „Hallo Herr Hardenberg. Wachen Sie auf!"
Jemand tätschelte seine Wange; wehren konnte er sich nicht. Seine Arme waren so schwer. Warum ließ ihn die Stimme, die jetzt erneut einen Namen rief, nicht einfach in Ruhe? Er war müde, einfach unendlich müde und wollte nichts als schlafen.

Im Krankenzimmer der Sylter Klinik schüttelte Oberschwester Renata Uppermann den Kopf.
„Er braucht noch Zeit", sagte sie dann zu Martina, die schon seit Stunden an Mannis Bett saß und darauf wartete, dass er endlich die Augen aufschlug.
„Aber er wird doch wieder ganz gesund, oder?", fragte sie nun mit sorgenvoller Stimme.
Schwester Renata nickte zuversichtlich.
„Er hat ein Schädel-Hirn-Trauma erlitten, aber bleibende Schäden sind nicht zu erwarten. Fahren Sie ruhig nach Hause. Sobald er aufwacht, rufen wir Sie an."
Martina schüttelte den Kopf.
„Nein", sagte sie entschlossen und streichelte über den Schriftzug ihres Namens, der seit wenigen Wochen neben einem roten Herz auf Mannis auch sonst schon reichlich tätowierter Brust prangte. „Ich bleibe hier bei ihm. Ich möchte auf jeden Fall dabei sein, wenn er aufwacht."

Die Oberschwester nickte verständnisvoll.
„Sie waren erst einen Tag hier auf der Insel, als es passierte?"
Martinas Augen füllten sich mit Tränen.

„Ja", sagte sie und schniefte kräftig in das nun von Schwester Renata gereichte Papiertaschentuch. „Wir sind hier, weil wir eigentlich morgen im Leuchtturm von Hörnum heiraten wollten. Alles war vorbereitet und geplant."
Schwester Renata trat vor und legte ihre Trost erprobten Arme um Martinas Schulter.
„Ach, Kindchen", sagte sie dann, „die Hochzeit läuft Ihnen doch nicht weg. Man kann alles im Leben nachholen, glauben Sie mir! Heute und morgen wird es sicher nichts, aber in ein paar Tagen kann das alles schon ganz anders aussehen. Was ist denn genau passiert an dem Abend?"
Martina sah die Schwester ratlos an.
„Ich weiß nicht, was mit Manni passiert ist. Wir hatten Freunde und Familie zu einer Strandparty in Hörnum eingeladen. Spontan kamen auch Urlauber und Einwohner dazu. Es war richtig, richtig schön. Spät in der Nacht fand ich Manni dann, stark am Kopf blutend, an der Mauer der Strandpromenade."
Schwester Renata klopfte Martina noch einmal aufmunternd auf die Schulter und zwinkerte ihr zu.
„Wenn er aufwacht, wird er Ihnen sicher erzählen, wie das passiert ist. Und jetzt nehmen Sie schön in der Sonne Platz und ruhen sich ein bisschen aus."
Energisch rückte sie einen Sessel für Martina ans Fenster des Erste-Klasse-Zimmers und deutete ihr an, sich zu setzen.

Gegensätze ziehen sich an, ging es Renata durch den Kopf, als sie kurz darauf das Krankenzimmer von Manni Hardenberg verließ. Sie hätte, wenn sie es eben nicht noch einmal gehört hätte, nie vermutet, dass dieser Alt-Rocker mit dem fast flächendeckend tätowierten Körper sowie unzähligen Piercings und diese zarte, junge Frau ein Paar sein könnten.

Manuela Heber war an diesem Morgen schon früh aufgewacht. Um Markus nicht zu wecken, stand sie leise auf und duschte unten im Gästebad. Danach zog sie sich rasch an, ging in die Küche ihres Keitumer Ferienhauses und setzte die Kaffeemaschine in Gang.

Kurz darauf öffnete sie die Türe zum Wohnzimmer und warf einen Blick in den von der Sonne durchfluteten und teuer und geschmackvoll eingerichteten Raum. Auf dem großen Designer-Sofa schlief ihr Ex-Ehemann und Martinas Vater, Hartmut Heber und gleich daneben, ebenfalls auf dem Sofa, Nelson, der 9-jährige Golden Retriever der Familie. Hartmut war gestern Abend völlig überraschend angereist und hatte ganz selbstverständlich vorausgesetzt, dass er bei Manuela im Haus übernachten konnte. Nur Martina zuliebe hatte Manuela dem zugestimmt. Sie persönlich pflegte schon lange keinen Kontakt mehr mit ihrem Ex und wunderte sich zudem, dass er schon wieder draußen war. Schließlich waren die 3 Jahre, die er wegen Steuerhinterziehung absitzen musste, noch nicht vorbei.

„Nelson", wisperte Manuela, „komm, Nelson. Gassi!"

Aber der Hund rührte sich nicht. Ruhig blieb er neben Hartmut liegen und nicht einmal die Aussicht auf den morgendlichen Spaziergang mit Manuela am Watt schien ihn vom Sofa zu locken.

Leise seufzend schloss Manuela die Wohnzimmertüre wieder, schrieb einen kleinen Zettel für Markus, den sie auf den Küchentisch legte und verließ das Haus.

Veronika Strahlemann genoss bei bestem Wetter den Morgenkaffee auf dem Balkon ihrer gemütlichen Wohnung in Hörnum, als es an ihrer Türe klingelte. Rasch stand sie auf und sah kurz darauf durch den Türspion. Draußen stand der gut aussehende Kommissar, der sie vorgestern über den Tod von Balthasar informiert hatte.

Sie warf einen Blick in den Spiegel der Diele und fuhr kurz mit den Fingern durch die Haare; erst dann öffnete sie.

„Guten Morgen, Frau Strahlemann", sagte Ludger und lächelte verbindlich. „Darf ich kurz reinkommen?"

Veronika trat zur Seite und ließ den Kommissar in ihre kleine Diele eintreten.

„Kaffee?", fragte sie und holte, ohne eine Antwort abzuwarten, eine weitere Tasse aus der Küche.

Damit marschierte sie, von Ludger gefolgt, zurück auf den Balkon und bot ihm mit einer Handbewegung den zweiten Stuhl an dem kleinen runden Tisch an.

Ludger setzte sich und sah hinunter zum Wasser.

Die Nordsee schien zum Greifen nah. Nur eine kleine Anliegerstraße und die Strandpromenade trennten das Wohnhaus vom angrenzenden Strand.

„Das ist ein toller Ausblick", stellte er anerkennend fest und nahm die Tasse entgegen, die Veronika ihm reichte.

„Ja, das ist es wirklich. Ich kann mir nichts Schöneres vorstellen!"

Veronika lächelte beseelt. „Wenn ich die Fenster öffne, kann ich die Möwen schreien und die Nordsee ans Ufer schlagen hören. Die Inseln dahinten, das sind Amrum und Föhr. Herrlich, oder?"

Ludger nickte zustimmend. Der Ausblick war tatsächlich beneidenswert.

„Also, womit kann ich noch helfen?", fragte Veronika und nahm einen Schluck Kaffee.

Ludger stand noch einmal auf, lehnte sich an die Balkonbrüstung und sah hinunter. Die Fundstelle des Toten war von hier aus recht gut einzusehen.

„Dort", sagte er dann, „dort unten an der Hochzeitshütte haben wir ihren Bruder leblos aufgefunden. Wussten Sie wirklich nicht, dass er hier auf der Insel war?"

Er sah Veronika eindringlich an.

Diese schüttelte entschieden den Kopf.

„Nein! Ich wusste es nicht."

Ludger nickte nachdenklich.

„Nach der Fahrkarte, die wir in seiner Jackentasche gefunden haben, ist er bereits am Vormittag angereist. Ist es nicht seltsam, dass er nicht bei Ihnen vorbeigekommen ist oder sich gemeldet hat?"

Erneut schüttelte Veronika den Kopf.

„Nein, das ist nicht seltsam. Balthasar war mein Stiefbruder, ein Sohn meines Vaters aus erster Ehe. Wir hatten nur unregelmäßig Kontakt. Es kam öfters vor, dass er aus Hamburg für einen Tag rüber kam, um dann mit einem der späten Züge zurückzufahren. Wenn er nur einen Tag hier war, hat er sich nicht immer bei mir gemeldet. So ein Tag geht ja schnell um und er wanderte dann gerne vom Strand hier über die Odde bis zur SansiBar, immer am Wasser entlang. Bestimmt hat er es gestern auch so gemacht, sonst hätte er sich bei mir angemeldet. Wenn er mal über Nacht blieb, dann schlief er hier."

Sie deutete mit dem Kopf auf ein Sofa, welches im Wohnzimmer an der Wand stand.

Ludger ließ seinen Blick erneut zum Wasser schweifen. Die Aussicht auf den Strand und das Meer war wirklich fantastisch; es gab nur wenige Sylter Bürger, die das Glück hatten, in einer solchen Wohnung zu leben.

„Ist die Wohnung Eigentum?", fragte er eher beiläufig.

Veronika nickte. „Ja, von den Eltern geerbt. Sonst könnte ich mir das auch gar nicht leisten. Wissen Sie, was die Mieten für eine Wohnung in der Größe hier auf Sylt mittlerweile kosten?

Ich habe 80 qm und Meerblick. Da wird einem schwindelig!"

„Da sagen Sie was", antwortete Ludger! Er wusste aus eigener Erfahrung, wie schwierig es war, als Sylter bezahlbaren Wohnraum zu finden.

„Haben Sie sonst irgendwas beobachtet? Vielleicht von der Strandparty, die an diesem Abend ganz hier in der Nähe stattgefunden hat?"

„Nein. Ich war am Abend auch gar nicht zu Hause, sondern auf einem Geburtstag in Westerland. Als ich später zurückkam, habe ich die Musik natürlich gehört. Aber gesehen? Nein, wirklich nicht! Es war ja auch schon dunkel am Strand als ich nach Hause kam und die Urlauber oder Promis, wie soll ich es sagen; diese Kreise interessieren mich nicht besonders. Aber warum fragen Sie mich das alles? Ist das denn wichtig? Soweit ich weiß, hatte Balthasar einen Herzinfarkt, oder?"

Ludger schüttelte den Kopf.

„Nein, wir müssen inzwischen leider davon ausgehen, dass Ihr Bruder keinen Herzinfarkt hatte. Es sah zunächst zwar danach aus, aber die Obduktion hat ergeben, dass er nicht eines natürlichen Todes starb!"

Veronika sah Ludger entsetzt an.

„Sie haben meinen Bruder obduziert? Ja um Himmels willen, warum denn das?"

„Wir hatten unsere Gründe, glauben Sie mir", beschwichtigte der Kommissar. „Und wie es sich nun darstellt, war es auch richtig, so zu handeln."

Veronika rang einen Moment um Fassung.

„Aber woran, ich meine, wie und woran ist der denn gestorben?"

„Ihr Bruder", fuhr Ludger fort, „ist an einer Überdosis Insulin verstorben. Er hatte zudem Alkohol konsumiert und ein

25

Schlafmittel im Blut. Fällt Ihnen dazu irgendwas ein?"
„Nein", stellte Veronika mit Nachdruck fest. „Das kann ich mir überhaupt nicht erklären! Diabetiker war er meinem Wissen nach jedenfalls nicht. Allerdings hat er gerne was getrunken; vor allem, wenn er mit der Bahn hier war und nicht mehr selbst fahren musste. Ich kann mir schon vorstellen, dass er im Laufe des Tages hier und da ein Pils und den ein oder anderen Klaren getrunken hat. Aber Insulin und Schlafmittel? Was bedeutet das denn? Wurde er … ich meine, glauben Sie, es war ein Verbrechen?"
Ludger nickte. „Davon gehen wir aus!"
„Darauf brauche ich einen Schnaps!"
Veronika verließ den Balkon und kam kurz darauf mit einer Flasche hochprozentigen Inhaltes und 2 Gläsern wieder. Sie schenke beide Gläser randvoll, stellte eines vor Ludger und kippte den Inhalt des anderen in einem Zug herunter.
„Entschuldigen Sie, aber das muss man ja erst mal verdauen! Trinken Sie nichts?"
Ludger schüttelte den Kopf. „Danke, ich bin im Dienst."
Veronika schluckte auch den zweiten Klaren und setzte sich dann wieder an den Kaffeetisch.
Ihre Stimme klang schleppend, als sie weitersprach: „Wer sollte ihm denn so etwas antun? Meinen Sie, es könnte jemand von der Party da drüben gewesen sein? Meine Güte, der arme Balthasar."
„Wir ermitteln in alle Richtungen. Hatte Ihr Bruder Probleme? Wissen Sie, ob er bedroht wurde oder ob er Ärger hatte, vielleicht an seiner Arbeitsstelle?"
Veronika dachte einen Moment nach.
„Um ehrlich zu sein, ich weiß es nicht genau. Erzählt hat er mir in dieser Richtung jedenfalls nichts, aber das heißt ja nicht unbedingt etwas. Wir waren ja nur selten mal zusammen. Nein, da kann ich Ihnen nichts zu sagen!"
Als Ludger sich kurz darauf im Hausflur des Mehrfamilien-

hauses verabschiedete, drückte er Veronika noch eine Visitenkarte in die Hand.

„Wenn Ihnen noch etwas einfällt, melden Sie sich bitte bei mir. Sobald Ihr Bruder von der Rechtsmedizin freigegeben wird, können Sie sich um die Beerdigung kümmern. Außer Ihnen hatte er ja keine Angehörigen, oder?"

Veronika schüttelte den Kopf.

„Nein, Balthasar war alleine. Er lebte nur für seinen Beruf als Finanzbeamter, da hatte eine eigene Familie keinen Platz. Die einzige Angehörige bin ich."

Kaum hatte der Kriminalkommissar das Haus verlassen, ging gegenüber die Etagentüre auf und Veronikas 85-jährige Nachbarn Anne Loskes steckte den Kopf hinaus.

„Veronika", sagte Anne mit kränklicher Stimme. „Hast du schon meine Medikamente besorgt?"

„Gleich, Anne", sagte Veronika beruhigend, „gleich fahre ich nach Westerland und hole alles für dich ab!"

Manni schlug die Augen auf. Er hatte kein Zeitgefühl und auch keine Ahnung, was passiert war und wo er sich befand. Irritiert blickte er sich um. Das Zimmer, in dem er sich befand, war weiß und die Sonne, die durch das Fenster auf sein Bett fiel, blendete ihn. Er lag in einem Krankenbett, aber wie war er hierhergekommen? Er benötigte einen Moment, um sich an das Licht zu gewöhnen und blieb still liegen. Am Fenster nahm er in einem Sessel sitzend eine junge Frau wahr. Sie saß beinahe regungslos dort und schien zu lesen. Durst quälte ihn, aber als er den Mund öffnete, um etwas zu sagen, kamen nur gurgelnde Worte aus seinem Hals.

Sofort stand die Frau vom Fenster auf und eilte an sein Bett. Sie beugte sich über ihn und strich ihm über das Haar.

„Manni", sagte sie leise und ihre Stimme klang besorgt, als

sie weitersprach, „da bist du ja wieder! Wie geht es dir?"
Manni deutete mit den Augen auf das Mineralwasser und
richtete sich im Bett vorsichtig auf.
Die junge Frau erkannte seinen Wunsch, schenkte ihm
schnell etwas Wasser in ein Glas und führte es an seine
Lippen.
Gierig trank er einige Schlucke.
Sie stellte das Glas zurück und sah ihn fragend an.
„Wie geht es dir, mein Schatz? Hast du Schmerzen?" Sie
nahm seine Hand und setzte sich auf sein Bett.
Manni schüttelte den Kopf. Nein, er hatte keine Schmerzen.
Aber wer war diese junge Frau? ...Und wieso sagte sie Schatz
und Manni zu ihm? War das sein Name?
Er sank zurück in sein Kissen und die Erkenntnis traf ihn wie
ein Kübel Eiswasser: Er wusste weder, wer er war, noch wer
sie war, noch wie er hierhergekommen war. Sein ganzes
bisheriges Leben war verschwunden in einem großen
schwarzen Loch.

Silvana hatte sich nach dem Frühstück im Hotel „Stadt
Hamburg" rüber bis zum Kaufhaus Jenssen und dann hinauf
bis zur Standpromenade am Hotel Miramar treiben lassen.
Nachdem sie den Ausblick auf das Meer einen Moment
genossen hatte, war sie zurück gelaufen und hatte einen Platz
im Außenbereich von Goschs Kneipe ergattert. Hier trank
sie jetzt einen Hugo und beobachtete die vielen Menschen,
die die stark belebte Friedrichstraße hinauf und hinunter
flanierten.
Gerade, als sie einen weiteren Hugo bestellen wollte,
entdeckte sie Markus Reich, der mit schnellen Schritten aus
der Boysenstraße kam und fast an ihr vorbeigelaufen wäre.
„Markus", rief Silvana laut und sprang von ihrem Barhocker
auf.

Der Gerufene stutzte und blieb kurz stehen, um Silvana dann mit zwei flüchtigen Küssen auf die Wange zu begrüßen.

„Gut, dass ich dich treffe, Markus", sagte Silvana aufgeregt. „Was um Himmels willen ist hier eigentlich los? Ich bin Manni zuliebe hier zu dieser Hochzeit gekommen und jetzt, jetzt stecke ich hier fest. Die Polizei hat gesagt, ich soll die Insel bis zur Klärung dieser Vorfälle von der Party nicht verlassen, aber was bitte habe ich mit dem Tod eines Finanzbeamten oder Mannis Unfall zu tun? Ich fühle mich total eingesperrt. Allein der Gedanke, dass ich nicht weg kann, macht mich wahnsinnig."

„Beruhige dich, Silvana", sagte Markus. „Die Insel ist groß, wir sind nicht eingesperrt und wir alle haben selbstverständlich nichts mit diesen Vorfällen zu tun. Das die Polizei Fragen hat, ist reine Routine. "

„Aber dazu kann ich doch nichts sagen!", empört sich Silvana weiter. „Ich will nichts wie weg von hier!"

„Warst du schon bei Manni im Krankenhaus?" Markus sah Silvana fragend an.

Diese schüttelte den Kopf.

„Viel zu enge Räume da und außerdem glaube ich nicht, dass Martina-Mausi erfreut wäre, ausgerechnet mich am Krankenbett anzutreffen."

„Das ist doch Unsinn", erklärte Markus.

„Du bist eine der besten Freundinnen von Manni und solltest seine Trauzeugin sein. Er würde sich bestimmt freuen, dich zu sehen."

„Und du?", fragte Silvana spitz, „warst du schon dort? Du bist doch auch ein guter Freund von Manni."

„Nein, Manuela ist gleich heute Morgen hingefahren. Ich dachte, ich lasse Mutter und Tochter mal alleine mit dem künftigen Ehemann. Außerdem hat Manuelas Ex bei uns übernachtet und ich wollte ihn nicht alleine im Haus lassen!"

Verwundert sah Silvana auf.

„Warum das denn nicht? Hattest du Angst, er klaut etwas von seinem früheren Eigentum?"

Markus schüttelte genervt den Kopf.

„Blödsinn, aber ich merke, du hast dich gestern Abend gut mit Hartmut unterhalten. Hat er dir auch das unendlich traurige Märchen vom großen Verrat und seiner grenzenlosen Unschuld erzählt?"

„Nein, hat er nicht!", konterte Silvana.

„Wir haben überhaupt nicht über die Vergangenheit gesprochen. Allerdings finde ich ihn wirklich total sympathisch!"

„Über Geschmack lässt sich kaum streiten", sagte Markus.

„Ich fand es jedenfalls seltsam, dass er gestern ohne jede Vorwarnung einfach so auf der Party am Strand aufgetaucht ist. Und dann kommen wir in der Nacht zurück in Manuelas Haus und wer liegt mit Nelson im Ehebett und schläft tief und fest? Hartmut."

Silvana schmunzelte amüsiert.

„Und, habt ihr die Nacht zu dritt, bzw. mit Nelson zu viert, im Bett verbracht?"

Markus schüttelte den Kopf.

„Nein, er ist nach entsprechender Aufforderung aufs Sofa ausgewandert! Und Nelson, dieser treulose Hund, ist gleich mit ihm rüber ins Wohnzimmer. Am liebsten hätte ich Hartmut noch in der Nacht vor die Türe gesetzt; Manuela ist viel zu weich mit ihrem Ex."

„Na hör mal", empörte sich Silvana. „Schließlich war das auch mal sein Haus, oder? Und Martina hat sich total gefreut. Hast du nicht gesehen, wie sie ihm um den Hals gefallen ist, als er plötzlich am Strand auftauchte? Das war doch eine tolle Überraschung für sie."

Markus nickte.

„Ja, das war es. Seine Tochter bleibt ihm ja auch erhalten. Den Rest hat er verloren. Es wäre gut, er würde dies endlich begreifen!"

Silvana sah Markus von der Seite an.

„Seine Firma und seine Frau hat er an dich verloren, oder? Macht es dich gar nicht nervös, dass er jetzt hier ist?"

Markus reagierte unwirsch.

„Eine sehr vereinfachte Darstellung der Dinge. Hartmut hat Steuern in Millionenhöhe hinterzogen und seine Ehe durch Frauengeschichten ruiniert. Ich bin erst seit einem halben Jahr mit Manuela zusammen und war bestimmt nicht der Scheidungsgrund!"

Silvanas Handy läutete und bevor Markus weitersprechen konnte, griff sie nach dem Smartphone und nahm das Gespräch an. Sie ging ein paar Schritte in die Fußgängerzone und lauschte in den Hörer.

Als sie kurz darauf zurückkam, sah sie besorgt aus.

„Das war dieser Kommissar Hansen. Ich soll zu einer Aussage ins Präsidium kommen. Was die wohl von mir wollen?"

„Alles Routine", stellte Markus sachlich fest und sah auf seine Uhr. „Du, ich muss weiter. Mach dir keinen Kopf und sag bei der Polizei einfach die Wahrheit."

Er gab ihr zum Abschied einen Kuss auf die Wange und verschwand kurz darauf in der Menge der Friedrichstraße.

Die Wahrheit, dachte Silvana nachdenklich, während sie ihr Portemonnaie raus kramte um zu bezahlen, wenn ich die Wahrheit sage über gestern Nacht, wird Martina aber Augen machen.

Hartmut Heber saß mit Nelson am menschenleeren Ellbogen im Sand und blickte auf das Meer hinaus. Seine nackten Füße hatte er in dem warmen Sand vergraben und der Hund lag selig neben ihm und ließ sich den Kopf kraulen. Früher war er im Urlaub stundenlang mit Martina und Nelson hier spazieren gegangen. Inzwischen waren der Hund sehr alt und Martina erwachsen, aber das Meer und dieser Ort hatten über die Jahre nichts von ihrer Schönheit verloren. Da es hier am Strand keine Einkehrmöglichkeiten gab und zudem Badeverbot herrschte, war es still und einsam. Und genau diese Einsamkeit schätzte Hartmut. Er hatte auch in seinen erfolgreichen Jahren als Unternehmer nie am Schicki-Leben in Hamburg oder auf Sylt teilgenommen; diesen Part hatte er stets seiner Frau Manuela überlassen. Als sie vor Jahren ein Haus auf der Insel kaufen wollte, hatte er sich mit dem Standort Keitum durchgesetzt; Manuela hätte zweifelsohne das mondäne Kampen vorgezogen. Sie hatte zeitweise sogar mit dem Gedanken gespielt, eine Zweigstelle ihrer Galerie in Kampen zu eröffnen. Dies hatte ihr Hartmut allerdings ausgeredet, nachdem er die Mietpreise geprüft hatte. Aber das war alles vorbei; sein Leben hatte sich vor Jahren radikal verändert. Einst war er einer der größten Wurstfabrikanten in Deutschland gewesen und hatte damals jedes Unrechtsbewusstsein verloren und Steuern in Millionenhöhe hinterzogen. Schließlich war er über einen akribischen Finanzbeamten gestolpert, der ihn mit geradezu fanatischem Verfolgungswahn und einem Verräter aus seinem nächsten Umfeld überführt hatte. Von seinen alten Freunden waren nur wenige übergeblieben. Manuela hatte sich von ihm getrennt, was, dies musste er zugeben, nichts mit der Haft und Verurteilung zu tun hatte. Die Firma hatte überlebt; sein damaliger leitender Mitarbeiter Markus Reich hatte das Unternehmen aus der Insolvenz gekauft und wieder auf Kurs gebracht. Er saß nun als Chef auf Hartmuts Platz. Diese und eine weitere Rechnung waren noch offen und Hartmut hatte vor, diese Schulden einzutreiben. Er wartete nur auf die passende Gelegenheit!

„Was heißt das, er erinnert sich an nichts?", fragte Manuela erstaunt und sah auf ihren Beinahe-Schwiegersohn Manni, der in der blütenweißen Bettwäsche des Krankenhauses lag und tief und fest zu schlafen schien.

„Er hat das Gedächtnis verloren", erklärte Martina und ihre Stimme klang bereits weniger verzweifelt als noch am Vormittag. „Er weiß nicht mehr, wer er ist, wer ich bin und er weiß auch nicht mehr, dass wir heiraten wollten! Alles weg aus seinem Kopf."

Manuela stellte sich neben das Krankenbett und sah ungläubig auf den Verletzten hinunter.

„So sieht man ihm ja kaum was an. Was sagen denn die Ärzte?"

Martina zog ratlos die Schultern hoch.

„Sie wissen nicht, wie lange es dauert. Es können Tage, oder auch Wochen und Monate sein!"

„Das bedeutet, die Hochzeit wird keinesfalls in den nächsten Tagen stattfinden?", fragte Manuela vorsichtig optimistisch.

Martina schüttelte den Kopf.

„Die Hochzeit kannst du knicken; schließlich kann Manni ja keine Unbekannte heiraten!"

Manuela lächelte selig. Manchmal geschahen doch noch Wunder.

Hochzeit? Verdammt, welche Hochzeit?, dachte Manni mit fest geschlossenen Augen und fühlte sich so einsam, wie nie zuvor in seinem Leben.

„Erzählen Sie mir von gestern Abend", sagte Ludger in seinem Büro auf der Hauptwache in Westerland und lächelte Silvana aufmunternd an.

„Erzählen Sie mir erst mal, warum ausgerechnet ich hier bin und befragt werde", antwortete diese und sah sich in dem kleinen Zimmer um. Es war sehr nüchtern und steril eingerichtet; einzig eine große Lithografie mit allen Leuchttürmen der Insel an der Wand sorgte für etwas Farbe.

„Wir befragen alle Gäste, die auf der Strandparty von Manni Hardenberg und Martina Heber waren", erklärte Ludger. „Und Sie waren doch dort, oder?"

„Logo war ich dort. Ich bin Mannis beste Freundin. Wir arbeiten und leben zusammen. Sagen Sie mal, könnten wir ein Fenster öffnen? Ich leide unter Klaustrophobie, dieser kleine Raum hier macht mich ganz kirre."

Ludger ignorierte die Bitte.

„Wann haben Sie Manni Hardenberg auf der Party denn zuletzt gesehen?"

„Wenn Sie das Fenster zulassen, kriegen Sie nichts aus mir raus", erklärte Silvana trotzig und sah Ludger herausfordernd an. „Und werde ich hier als Zeugin oder als Beschuldigte vernommen? Und in welchem Fall eigentlich? Wegen Manni oder wegen des toten Finanzbeamten? Ich kann Ihnen in beiden Fällen kaum weiterhelfen!"

Ludger stand auf und öffnete das Fenster.

„Sie werden als Zeugin zu den Ereignissen allgemein gehört!", erklärte er sachlich. „Manni Hardenberg wurde in aller Frühe, gegen 3:20 Uhr, schwer verletzt am Strand aufgefunden. Haben Sie irgendwas beobachtet, was uns weiterhelfen könnte? "

Silvana schüttelte den Kopf.

„Warum fragen Sie Manni nicht einfach selbst? Er wird wohl wissen, was passiert ist."

„Das ist zurzeit noch nicht möglich! Wir müssen uns, um keine Zeit zu verlieren, ohne den Geschädigten ein Bild von den Geschehnissen des Abends machen! Also, können Sie etwas dazu sagen?"

34

Silvana überlegte kurz.

„Wir haben ab ca. 21:00 Uhr am Strand gefeiert. Es war wirklich eine schöne Party. Irgendwann hab ich mit Manni am Strand gesessen und geplaudert. Ich ging dann kurz zur Toilette und als ich nach ca. 10 Minuten zurückkam, lag er bewusstlos im Sand. Martina war bei ihm und brüllte, ich solle einen Notarzt rufen. Es gab eine riesige Aufregung und mehr weiß ich nicht."

„Wie lange waren Sie weg als Sie zur Toilette gingen?"

Silvana überlegte nicht lange.

„Höchstens 10 Minuten. Ich habe die Toiletten am Südkap benutzt, hin und zurück ... ja, das sind gute 10 Minuten."

Ludger machte einige Notizen auf seinem Block, dann wandte er sich wieder Silvana zu.

„Stimmt es, dass Sie bis vor kurzem noch mit Manni Hardenberg liiert waren und dass er sich wegen Martina Heber von Ihnen getrennt hat?

Silvana nickte.

„Ja, das stimmt. Manni und ich waren 5 Jahre ein Paar. Wir sind beide Rockmusiker und haben die Band „Dogs and Frogs" zusammen gegründet. Voriges Jahr lernte er bei einem Gig in Hamburg Martina-Mausi kennen und verliebte sich."

„Und trotzdem wollten Sie jetzt seine Trauzeugin sein?"

„Ja klar. Spricht doch nichts dagegen, oder? Wir denken eben nicht in so kleinen spießigen Kästchen. Wir arbeiten und leben auf Ibiza zusammen und wir sind sehr gute Freunde. Allerdings habe ich ihm gestern gesagt, dass er mich nicht für Geld und Kuchen hoch in den Hörnumer Leuchtturm kriegt. Das Trauzimmer ist ja wohl ein Witz. So was von klein, da kriege ich keine Luft. Da dürfen höchstens 9 Leute rein und nur das Brautpaar kann sitzen."

„Sie waren schon oben?"

Silvana schüttelte den Kopf.

„Nein, aber ich habe mich im Touribüro erkundigt. Sicher ist sicher."

„Gab es während der Party denn irgendwas Auffälliges?"
Silvana nickte.

„Natürlich gab es Auffälliges. Hartmut Heber, Martinas Vater, erschien gegen 23:00 Uhr plötzlich am Strand. Meine Güte, Sie hätten dabei sein sollen. Martina ist völlig ausgeflippt vor Freude! Allerdings ist er nicht lange geblieben. Es dauerte keine Stunde, da hatte er mit Manuela schon wieder dicken Streit und soweit ich das mitbekommen habe, vorher auch mit Manni."

Ludger hörte interessiert zu.

„Wissen Sie, um was es ging, bei diesem Streit?"
Silvana schüttelte den Kopf.

„Nein, ich habe gefeiert und will mit den ganzen Problemen anderer Leute nichts zu tun haben. Allerdings ist Hartmut Heber ein ganz netter. Ich habe ihn ja gestern erst kennengelernt; er ist sehr sympathisch."

„Sagt Ihnen der Name Balthasar Wiegand etwas?"

„Ja", antwortete Silvana zu Ludgers Überraschung.

Sie beugte sich leicht vor, als sie weitersprach.

„Ihr Toter vom Strand war ein ziemlich akribisch arbeitender Steuerfahnder. Der bekam sicher jeden Monat ein Fleißkärtchen vom Finanzministerium."

„Wieso das?" Interessiert sah Ludger sein Gegenüber an.

„Meine Güte, Sie wissen aber auch gar nichts, oder? Balthasar Wiegand hat damals Hartmut Heber, also den Papa von Mannis Braut, überführt und in den Knast gebracht."

„Ach was! Sind Sie da sicher?"

„Natürlich bin ich da sicher. Wussten Sie das echt nicht?"

„Nein", antwortete Ludger. „Aber wir stehen ja auch erst am Anfang der Ermittlungen."

Silvana stand verärgert auf.

„Machen Sie doch erst mal Ihre Hausaufgaben, bevor Sie mir die Zeit stehlen!"

„Das tue ich ja gerade", entgegnete Ludger freundlich. „Diese Befragung hier ist eine Hausaufgabe. Sind Sie übrigens Diabetikerin?"

„Ich? Wie kommen Sie denn darauf? Sie verwechseln mich sicher mit Martina-Mausi."

„Martina Heber ist Diabetikerin?"

Silvana nickte.

„Ja. Sie spritzt Insulin mit so einem Pen. Als ich es das erste Mal beobachtet habe, dachte ich, sie ist heroinabhängig oder so was. Aber Manni hat mich aufgeklärt! Ist das für den Fall wichtig?"

„Das wird sich noch herausstellen", antwortete Ludger. „Haben Sie Wiegand am Tatabend in Hörnum gesehen?"

Silvana schüttelte den Kopf.

„Nee", sagte sie dann. „Der ist mir nicht über den Weg gelaufen! Sind wir jetzt fertig?"

Der Kommissar nickte und stand auf.

„Vielen Dank, dass Sie sich die Zeit genommen haben. Und wie man sieht, konnten Sie mir doch helfen. Sogar wesentlich."

Silvana ging zur Türe und drehte sich noch einmal kurz um, bevor sie den Raum verließ. „Dann ist das jetzt für mich erledigt?"

„Fürs Erste!", antwortete Ludger. „Ich bin aber sicher, dass wir im Laufe der Ermittlungen noch einige Fragen an Sie und die anderen Hochzeitsgäste haben werden.

Nachdem Silvana das Präsidium verlassen hatte, ging Ludger hinüber in das Büro seines jungen Kollegen Ulf Beerenbaum.

„Ulf", sagte er, „ich bestelle für heute 15:00 Uhr ein paar Zeugen hierher. Kriegen Sie doch mal alles über den Fall Steuerhinterziehung "Hartmut Heber" raus. Müsste so 3 bis 4 Jahre her sein."

Pünktlich um 15:00 Uhr betraten Manuela, Hartmut und Martina Heber, Silvana Busch, Markus Reich, Manni Hardenberg, Veronika Strahlemann und Renata Uppermann die Polizeiwache in Westerland.

Wir werden schauen, ob wir den Angriff auf Manni Hardenberg und den Tod des Finanzbeamten Balthasar Wiegand heute aufklären können. Ich bin sicher, Sie werden Licht in diesen Fall von Deutschlands größter nordfriesischer Insel bringen!

An dieser Stelle können Sie das Essen servieren, sofern dies geplant ist. Erst danach geht es weiter.

Es folgt die Vorstellungsrunde; bitte lesen Sie die Vorstellungstexte reihum in der auf den Rollen angegebenen Reihenfolge vor.

Aussage Ludger Hansen

(bitte als 1. in der Runde vortragen)

Gestern wurde der Finanzbeamte Balthasar Wiegand gegen 2:30 Uhr leblos in Nähe des Leuchtturms in Hörnum aufgefunden. Die Obduktion hat ergeben, dass er an einer Überdosis Humaninsulin starb; dieses wurde ihm durch zwei Einspritzung im Halsbereich beigebracht. Außerdem hatte er 1,4 Promille Alkohol und ein Schlafmittel im Blut. Vollkommen kurios ist, dass er einen mit schwarzem Filzer aufgemalten Schnurrbart im Gesicht trug. Ob er sich den Bart, aus welchen Gründen auch immer, selbst aufgemalt hat oder ob der Täter sich hier verewigt hat, wissen wir nicht. Das Opfer selbst hatte jedenfalls keinen Filzer in der Tasche. Ganz in der Nähe wurde dann wenig später am Strand der schwer verletzte Rockmusiker Manni Hardenberg entdeckt. Hier ist der Verlauf nicht ganz klar. Wir müssen herausfinden, ob Herr Hardenberg gestolpert ist und dann rücklings vor die Wand fiel, oder ob eine weitere Person beteiligt war. Da Herr Hardenberg zurzeit an einer Amnesie leidet, kann er wenig zum Tathergang sagen.

Eine interessante Tatsache ist aber, dass es eine Verbindung des Toten zur Familie Heber gibt. Herr Wiegand war damals der leitende, ermittelnde Beamte im Verfahren des Steuervergehens gegen Herrn Hartmut Heber; er hat maßgeblich zu seiner Verurteilung beigetragen.

Ist das Zufall? Nun, wir wissen es nicht. Ich hoffe allerdings, dass wir zusammen etwas Licht in die Sache bringen können.

Hinweise Ludger Hansen

Weitere Informationen für dich! Du darfst von all diesem Wissen in der Ermittlungsrunde Gebrauch machen! Wenn du etwas gefragt wirst, solltest du die Wahrheit sagen, denn du bist nicht der Täter und hast nichts zu befürchten.

Kläre folgende Fragen:

Wer von den Anwesenden hat Zugriff auf Insulin?

Hatte Martina bei der Party Insulin dabei und kam hier etwas abhanden?

Hat sie im Ferienhaus in Keitum weiteres Insulin und wer hatte hier Zugriff?

Die Menge Insulin, die Balthasar Wiegand verabreicht wurde, war hoch. Die Pathologie hat berechnet, dass es mindestens 200 ml gewesen sein müssen. Insulin baut sich extrem schnell im Körper ab und ist nur schwer nachweisbar. Der Notarzt hatte dem Toten Blut abgenommen; daher konnte das Insulin noch nachgewiesen werden.

Du hast die Kameras am Bahnhof ausgewertet. Die Bahnhofsaufnahmen zeigen Balthasar Wiegand beim Verlassen des Zuges um 10:00 Uhr mit einer kleinen blauen Reisetasche. Wo ist diese? Er hatte sie, als er aufgefunden wurde, nicht dabei. Außerdem hatte er am Bahnhof noch eine rote Windjacke an; auch diese trug er am Abend nicht mehr.

Eine Anfrage bei Hotels und Pensionen hat ebenfalls nichts ergeben; er hat nirgends eingecheckt.

Bringe dies zur Sprache.

Hartmut Heber ist auch auf den Kameraaufnahmen des Bahnhofs zu sehen. Er stieg kurz nach Wiegand aus dem Zug.

Sprich Hartmut Heber darauf an.

Hat er Wiegand im Zug getroffen oder mit ihm gesprochen?

Was hat er nach der Ankunft in Westerland unternommen?

Wo hat er den Tag verbracht?

Nach einem entsprechenden Aufruf haben sich Zeugen gemeldet, die Wiegand im Laufe des Tages gesehen haben: Er war zum Mittagessen in einem Restaurant in Wenningstedt. Dort hat er von ca. 11:30 bis 14:00 Uhr auf der Terrasse gesessen und auch 4 Pils und 4 Schnaps getrunken.
Berichte den anderen davon.

Die Sache mit dem Schnurrbart ist ebenfalls rätselhaft. Der Tote war ein eher konservativer, seriöser älterer Herr; er wird sich diesen Bart sicher nicht selbst aufgemalt haben. Schwarzer Filzer lässt sich zudem nur sehr schwer von der Haut entfernen; dies hat dir der Pathologe gesagt.

Versuche ein Motiv für diesen Mord zu ergründen. Wenn man das Motiv hat, kann man meist auch auf den Täter schließen.

Nun zu Manni Hardenberg und seiner Verletzung: Er ist **rücklings** heftig auf die Mauer gestürzt; **dies lässt den Schluss zu,** dass eine dritte Person beteiligt war. Wenn er beim normalen Gehen gestürzt wäre, hätte er eine Verletzung im vorderen Kopfbereich und sich vermutlich auch mit den Händen abgestützt. Betrunken war er nicht; er hatte nur 0,5 Promille Alkohol im Blut.
Erzähle den anderen davon.

Versuche zu klären, wer zuletzt mit Manni Hardenberg zusammen war und frage nach, ob es während der Party ggf. Streit gab.

Zum Schluss der Ermittlungen schreibt jeder für sich auf, wen er für den Täter hält und nach dem Dessert lösen wir den Fall gemeinsam auf.

Aussage Martina Heber

(bitte als 2. nach Ludger in der Runde vortragen)

Ich bin mit meiner Mutter gemeinsam angereist und habe auch bei ihr in unserem Haus in Keitum übernachtet. Ich fand das eben romantisch, die letzten Nächte vor der Hochzeit getrennt von meinem künftigen Mann zu übernachten und er sollte auch mein Kleid nicht sehen. Manni war das so recht, er hat nicht das tollste Verhältnis zu meiner Mutter. Sie hätte lieber so einen geschniegelten Vorzeigeschwiegersohn mit Anzug und Krawatte. Außerdem ist Manni auch noch älter als sie und ich glaube, damit hadert sie ebenfalls. Aber es ist mein Leben und ich heirate, wann und wen ich möchte. Manni und ich, wir haben uns vor einem halben Jahr bei einem Rockfestival in Hamburg kennengelernt. Markus hat uns miteinander bekannt gemacht; er und Manni sind gute Freunde. Tja, was soll ich sagen? Es hat sofort KLICK gemacht und wir waren uns rasch einig, dass wir heiraten und eine Familie gründen wollen.

Die Feier am Strand war unser gemeinsamer Abschied vom Junggesellenleben. Es waren im Laufe der Nacht bestimmt an die hundert Leute da, wir haben völlig den Überblick verloren. Und dann kam auch noch mein Papi. Er stand plötzlich am Lagerfeuer vor mir. Das war ... das war unbeschreiblich schön. Ich wusste ja gar nicht, dass er vorzeitig entlassen wurde. Leider ist er nicht lange geblieben; er kann so viele Menschen nach der Haft nicht gut vertragen, das muss man verstehen. Als ich Manni verletzt auffand, war Papi jedenfalls schon lange wieder weg. Zu Manni und seinem Unfall kann ich nur wiederholen, was die Polizei schon weiß.

Ich dachte, er wäre kurz zur Toilette, aber er kam nicht wieder. Nach einer Weile ging ich ihn suchen und fand ihn,

Blut überströmt, an der Mauer zur Promenade. Es war echt ein Schock. Silvana kam dazu und hat Hilfe geholt, während ich versucht habe, mit meinem Schal die Blutung am Kopf zu stillen. Den Rest wissen Sie ja! Mit diesem toten Finanzbeamten haben wir gar nichts mehr zu tun; er hat in meiner Familie genug angerichtet! Richtig ist aber, dass er am Abend auch kurz am Strand auftauchte. Er ging unten am Wasser entlang spazieren und hat zu uns rüber gegafft. Das war so gegen 21:00 Uhr. Ich sah ihn und bin gleich hin und habe ihn angebrüllt, er solle verschwinden. Das hat er dann auch gemacht. Ich habe das bisher niemandem gesagt und an dem Abend hat es, glaube ich, auch niemand mitgekriegt. Da am Wasser gehen ja immer mal Leute spazieren; da achtet man meist nicht so drauf. Wiegand drehte jedenfalls um und ging zurück in Richtung Hafen. Danach habe ich ihn nicht mehr gesehen. Ansonsten waren Manni und ich fast den ganzen Tag zusammen und haben alles für die Party vorbereitet.

Hinweise Martina Heber

Weitere Informationen für dich! Du darfst von all diesem Wissen in der Ermittlungsrunde Gebrauch machen! Wenn du etwas gefragt wirst, solltest du die Wahrheit sagen, denn du bist nicht der Mörder und hast nichts zu befürchten.

Du hast seit deiner Kindheit Diabetes und spritzt mit einem PEN Insulin. Einen Pen hast du immer in der Handtasche, so auch am Tatabend während der Party. Er wurde **nicht** entwendet. In Keitum steht das Insulin für jeden zugänglich im Bad. Ob hier etwas an deinen Beständen fehlt, weißt du nicht genau; du hast hier keinen exakten Überblick. Du kannst dir kaum vorstellen, dass man mit einem Insulin-Pen einen Menschen töten kann. Man müsste mehrmals nach pumpen und erneut zustechen, bis man eine entsprechende Menge verabreicht hat. **Berichte den anderen davon.**

Nach dem Abitur hast du zunächst ein Jahr im Ausland verbracht. (USA und Australien)
Danach hast du Kunst, dann Betriebswirtschaft und zuletzt Veterinärmedizin (Tiermedizin) studiert.
Die Tiermedizin hast du allerdings inzwischen auch an den Nagel gehängt. Du denkst jetzt darüber nach, ein Tattoo-Studio auf Ibiza zu eröffnen. **Erzähle deinen Eltern davon.**

Außerdem willst du das Management für Mannis Band „Dogs and Frogs" übernehmen. Bisher wird die Band von Silvana gemanagt, aber du hast Zweifel, dass sie es gut macht. Manni war damit einverstanden, dass du diesen Part übernimmst.
Erzähle Manni und den anderen von diesen Plänen.

Manni kann leider nicht mit Geld umgehen; daher führt Silvana auch das Band-Konto und Mannis privates Konto. Irgendwas stimmt da aber nicht. Manni hat zurzeit nur sehr wenig Geld auf seinem Konto. Die Band ist aber sehr erfolgreich. Wie ist das möglich? Du hast Silvana auf der Party gesagt, dass du die Kontoführung beider Konten übernehmen wirst; sie hat sehr unwirsch reagiert. **Frage Silvana, was dagegen spricht**, dass du die Buchhaltung und die Kontoführung übernimmst und frage sie auch, warum so wenig Geld da ist.

Du hast am frühen Nachmittag noch Einkäufe für die Party in Wenningstedt gemacht. Dort hast du Markus Reich ca. gegen 14:30 Uhr am Hünengrab Denghoog gesehen. Er saß da auf einer der Bänke in der Nähe des Kassenhäuschens. Du bist ziemlich sicher, dass der Finanzbeamte Wiegand neben ihm saß und die beiden miteinander sprachen. **Frage Markus, was er dort mit Wiegand zu besprechen hatte.**

Deine Eltern hatten gestern auf der Party Streit. Worum ging es? **Frage sie danach.**

Dein Vater hat die Party schon früh wieder verlassen, dies war gegen Mitternacht. Auf dem Weg zum Parkplatz muss er an der Hochzeitshütte, also am Fundort der Leiche, vorbei gekommen sein. **Sprich deinen Vater darauf an. Hat er etwas beobachtet? Ist er Wiegand begegnet?**

Wichtig: Als du Wiegand am Abend von der Strandparty verscheucht hast, hatte er mit Sicherheit keinen aufgemalten Schnurrbart im Gesicht; dies wäre dir aufgefallen. **Erzähle dem Kommissar und den anderen davon.**

Nun zu Manni und seiner Verletzung.
Du hast Manni in der Nacht am Strand gesucht; er war schon länger nicht mehr am Lagerfeuer. Irgendwann hast du ihn mit Silvana entdeckt; die beiden standen knutschend am Wasser.

Dann ging Silvana weg und Manni in Richtung Promenade. Du hast ihn eingeholt und zur Rede gestellt. Er sagte dir, du solltest dich nicht so anstellen, wegen ein paar Küssen. Silvana sei Teil seines Lebens und das würde auch nach der Hochzeit so bleiben. Außerdem wollte er die Party verlassen und mit Silvana ins Hotel fahren; er hatte einfach keine Lust mehr auf all die Leute am Strand.

Du bist sehr wütend geworden und hast ihn heftig geschubst. Manni stolperte und fiel mit dem Kopf vor die Mauer. Er war sofort ohnmächtig. Gerade, als du dich über Manni gebeugt hast, um ihm zu helfen, kam Silvana zurück. Du hast in einer Kurzschlussreaktion behauptet, Manni so gefunden zu haben. Silvana rannte weg, um den Notarzt zu holen.

Behalte dies mal für dich, bis wir später den Fall gemeinsam auflösen. Ein Geständnis in dieser Sache bringt auch kein Licht in den Todesfall Wiegand.

Zum Schluss der Ermittlungen schreiben alle Mitspieler auf, wen sie für den Täter halten und nach dem Dessert lösen wir den Fall gemeinsam auf.

Aussage Manni Hardenberg

(bitte als 3. nach Martina in der Runde vortragen)

Ich erinnere mich an nichts. Mein ganzes bisheriges Leben ist ein großes, schwarzes Loch. Die Ärzte sagen, die Erinnerung wird vermutlich wiederkommen; aber wann, weiß niemand.

Bis dahin   bin ich dankbar, für jeden Hinweis auf mein bisheriges Leben!

Hinweise Manni Hardenberg

Weitere Informationen für dich! Du darfst von all diesem Wissen in der Ermittlungsrunde Gebrauch machen! Wenn du etwas gefragt wirst, solltest du die Wahrheit sagen.

Lieber Manni, du musst dich ein wenig gedulden. Im Laufe des Abends bekommst du weitere Hinweise, die dir bei der Erinnerung helfen werden. Du hast durch die Amnesie auch einen Vorteil: Wenn es an irgendeiner Stelle unangenehm für dich werden sollte, sagst du einfach, du erinnerst dich nicht.

Von allen Frauen hier am Tisch ist dir Silvana am nächsten. Mit ihr, das spürst du ganz einfach, verbindet dich etwas. Der Name „Silvana" steht auch groß als Tattoo auf deinem Rücken. Allerdings gibt es mehrere Frauennamen auf deinem Körper.

Wenn du etwas über deine Beziehungen wissen möchtest, fragst du am besten Silvana, sie kennt dich am längsten.

Es gibt bestimmt auch noch andere Dinge, die dich beschäftigen und die du Silvana, Martina und deinen langjährigen Freund Markus fragen kannst, denn diese Personen kennen dich am besten:

Bist du ein erfolgreicher Musiker?

Hast du Geld?

Warst du schon einmal verheiratet?

Hast du Kinder?

Bist du vorbestraft?

Falls du noch etwas wissen willst, frage einfach. Sicher bekommst du nicht auf alles eine Antwort, aber vieles wird sich lichten.

Ansonsten kannst du, in der Hoffnung nicht der Täter zu sein, fröhlich mit ermitteln; höre gut zu, was die anderen aussagen und versuche, dir ein Bild der Geschehnisse zu machen.

Zum Schluss der Ermittlungen schreibt jeder für sich auf, wen er für den Täter hält und nach dem Dessert lösen wir den Fall gemeinsam auf.

Zwischeninformation 1 an Manni:

Du erinnerst dich, dass du Post von einem Anwalt bekommen hast. Es gibt eine Sammelklage gegen dich, weil du Unterhalt für mehrere Kinder schuldig geblieben bist. Frage Silvana danach, sie regelt Deine finanziellen Dinge.

Zwischeninformation 2 an Manni:

Du erinnerst dich:
Hartmut Heber wollte auf der Party, dass du irgendwas unterschreibst. Du hast dich geweigert! Er war ziemlich sauer. Was solltest du unterschreiben? Er hielt dir mehrfach einen schwarzen dicken Filzer und mehrere Papiere unter die Nase. **Erzähle den anderen davon, bzw. frage Hartmut, was du unterschreiben solltest.**

Zwischeninformation 3 an Manni:

Du erinnerst dich an folgendes: Du hast mit Hartmut gestritten; kurz darauf hat sich dieser verabschiedet. Du bist ihm bis zum Parkplatz gefolgt, dies war gegen 24:00 Uhr. Hartmut war an der Hochzeitshütte; er hat sich in den Strandkorb gebeugt und kurz dort aufgehalten.
Frage ihn, was er dort gemacht hat.

Zwischeninformation 4 an Manni:

Du erinnerst dich wage:
Silvana! Jetzt weißt du wieder, dass du sie an einem Strand geküsst hast. War das auf Ibiza oder während der Party hier auf Sylt? **Frag sie danach.**

Aussage Manuela Heber

(bitte als 4. nach Manni in der Runde vortragen)

Martina ist 24 und immer noch auf der Suche nach sich selbst. Sie weiß doch noch gar nicht, was sie will vom Leben und hat nun endlich, im dritten Anlauf, beruflich ihr Ding gefunden. Zumindest hat sie jetzt mal 3 Semester Veterinärmedizin durchgehalten und das ist bei unserer Tochter schon wirklich ein Erfolg. Zuerst hat sie nach dem Abi ein Jahr Auszeit genommen in den USA und in Australien; danach hat sie ein Kunststudium begonnen, das war nichts. Dann kam Betriebswirtschaft ... auch das war nichts. Und jetzt eben Tiermedizin. Warum sie nun, mit 24 Jahren, einen so viel älteren und zudem einen so speziellen Mann heiraten muss, erschließt sich mir nicht. Bis Hartmut ins Gefängnis ging, war sie jedenfalls ganz normal. Vielleicht sucht sie in Manni Hardenberg einen Vater-Ersatz. Psychologisch wäre das vielleicht die Erklärung.

Ich betreibe seit gut 10 Jahren eine Kunstgalerie in Hamburg. Sie war jederzeit von Hartmuts Geschäften unabhängig und daher auch nicht von der Insolvenz der Wurstfabrik betroffen.
Die Ehe zwischen Hartmut und mir wurde vor 2 Jahren geschieden. Wir haben uns schon vor dem Prozess auseinander gelebt. Es gab einfach keine gemeinsame Basis mehr. Hartmut hat z.B. nie verstanden, dass ich schon alleine wegen meiner Galerie ein gesellschaftliches Leben führen muss. Seine Wurst- und Fleischwaren werden im Supermarkt automatisch gekauft; meine teilweise sehr hochpreisigen Kunstwerke kommen nur für eine ganz bestimmt Käuferklientel in Frage und diese Klientel muss man pflegen. Und dann gab es auch immer mal wieder Frauengeschichten. Kein

Wunder, Hartmut sieht gut aus und er war damals sehr erfolgreich. Die jungen Dinger fliegen doch auf so einen Mann. Irgendwann war dann das Maß voll und Schluss. Trotzdem sind Hartmut und ich freundschaftlich verbunden; das sehen Sie ja auch daran, dass ich ihn in meinem Haus in Keitum habe übernachten lassen. Die 25 Ehejahre bleiben einem ja nicht in der Schuhen stecken.

Den Tag der Party habe ich in Keitum in unserem Garten zugebracht und versucht, die Kartoffelrose, die hier auf Sylt inzwischen eine echte Plage ist, in den Griff zu kriegen. Die wächst wie verrückt und muss regelmäßig zurückgeschnitten werden.

Den Finanzbeamten, diesen Herrn Wiegand, habe ich weder am Tag, noch in der Nacht gesehen und darüber bin ich auch sehr froh. Der hätte mir echt noch gefehlt!
Und als Manni niedergeschlagen aufgefunden wurde, saß ich mit Markus am Lagerfeuer.
Was also bitte soll ich hier?

Hinweise Manuela Heber

Weitere Informationen für dich! Du darfst von all diesem Wissen in der Ermittlungsrunde Gebrauch machen! Wenn du etwas gefragt wirst, solltest du die Wahrheit sagen, denn du bist nicht der Täter und hast nichts zu befürchten.

Du hast den Tag im Garten zugebracht. Markus ist am Nachmittag von einem Termin zurückgekommen; danach hat er einen langen Spaziergang mit Nelson unternommen. Ihr seid dann zusammen gegen 21:00 Uhr auf die Strandparty gefahren. Hartmut hast du erst dort getroffen; er war am Tag nicht in deinem Haus in Keitum und du wusstest auch nicht, dass er aus der Haft entlassen und auf Sylt war.

Manni Hardenberg und Silvana haben sich im Hotel Stadt-Hamburg in Westerland einquartiert. Dort bewohnen die beiden ein Doppelzimmer. **Weiß Martina das?**
Du hast das Gefühl, dass Martina mit dieser Ehe einen großen Fehler macht. Versuche alles, um sie von dieser Eheschließung abzuhalten.
Silvana passt doch viel besser zu Manni. **Vertrete diesen Standpunkt**.

In deiner Galerie befanden sich bei Hartmuts Verhaftung noch drei wertvolle Bilder, die ihm gehören. Ihr konntet sie damals vor dem Zugriff des Finanzamtes retten; sie blieben tatsächlich vom Insolvenzverwalter unbemerkt. Der Wert dieser Bilder liegt inzwischen bei ca. 1,5 Millionen Euro. Hartmut hat dich auf der Party gebeten, die Bilder für ihn zu verkaufen; er benötigt das Geld für einen Neustart. Dem kommst du gerne nach; allerdings müsst ihr euch bezüglich der Abwicklung noch Gedanken machen. Du kannst ihm nicht einfach das Geld aus den Verkäufen überweisen; Hartmut hat noch hohe Schulden. Wenn er 1,5 Millionen bekommt, wird das Geld sofort gepfändet. Hartmut meinte dazu nur, er fände ganz sicher einen Weg. Du bist gespannt, wie dieser aussehen soll. **Frage ihn, wie er sich den Verkauf der Bilder und die Abwicklung vorstellt.**

Du hast vor 2 Wochen Post vom Finanzamt bekommen; für die Galerie wurde eine Steuerprüfung angesetzt. Empört hat dich, dass es erneut Balthasar Wiegand sein sollte, der die Prüfung vornehmen soll. Er hat dich noch dazu letzte Woche angerufen und dir gesagt, er würde, wie damals bei Hartmut, sehr genau hinsehen. Du hattest den Eindruck, er will dich einschüchtern.
Bei einer genauen Prüfung wird sicher auffallen, dass die drei o.g. Bilder Hartmut gehören. Da Hartmut immer noch Schulden aus dem Verfahren hat, wären die Bilder dann für ihn verloren. Du hast Hartmut auf der Strandparty davon erzählt und er reagierte sehr erbost und wütend.
Erzähle den anderen davon.

Das Haus in Keitum habt ihr vor Jahren auf deinen Namen gekauft; Hartmut hat es allerdings bezahlt und ist der Meinung, es gehöre daher ihm. Er hat heute auf der Party gesagt, dass das Haus verkauft werden muss, weil er Geld braucht. Er erwartet, zu 50 % am Erlös beteiligt zu werden. Er hat schon einen Makler aufgesucht, der sich um alles kümmern soll. Du hast den Verkauf abgelehnt und denkst nicht daran, dich von diesem Haus zu trennen. Daher habt ihr euch auf der Party gestritten.
Erzähle den anderen davon.

Hartmut hat immer behauptet, er sei damals mit sehr konkreten Hinweisen und Details ans Finanzamt verraten worden; er hat Markus in Verdacht, der ja damals ein enger Mitarbeiter war. Es trifft ihn daher sicher besonders hart, dass du nun ausgerechnet mit Markus liiert bist. **Fakt ist aber: Du** hast Markus sehr gerne; er verhält sich dir gegenüber immer fair und er hat die Wurstfabrik HEBER gerettet. **Verteidige Markus, wenn er von Hartmut angegriffen wird.**

Du hast, kurz bevor Manni verletzt aufgefunden wurde, die Toiletten aufgesucht. Als Manni verletzt wurde, warst du also in der Nähe der Promenade. Kurz vorher hat Martina dich gefragt, ob du Manni gesehen hast; sie war auf der Suche nach ihm. Hat Martina wirklich nichts beobachtet? **Frage sie danach.**

Zum Schluss der Ermittlungen schreibt jeder für sich auf, wen er für den Täter hält und nach dem Dessert lösen wir den Fall gemeinsam auf.

Aussage Markus Reich

(bitte als 5. nach Manuela in der Runde vortragen)

Ich war leitender Angestellter in der Wurstfabrik von Hartmut Heber. Eines Morgens kam die Steuerfahndung; es war wie in einem schlechten Krimi. Sie fuhren mit 12 Wagen vor, stürmten das Gelände und schleppten unzählige Unterlagen aus der Firma. Hartmut wurde quasi zeitgleich verhaftet; es war eine Katastrophe. Dass er für lange Zeit ausfallen würde, war schnell abzusehen. In der Folge haben Anwaltskosten, die Strafe für die Steuerhinterziehung und die Nachzahlungen an das Finanzamt Millionen verschlungen. Es war die einzig richtige Entscheidung, beizeiten für das Unternehmen Insolvenz anzumelden. Ich habe dies damals auch mit Hartmut im Gefängnis so besprochen.

Der Insolvenzverwalter war schließlich einverstanden, dass ich die Firma für einen angemessenen Betrag übernehme und weiterführe. Das Unternehmen an sich war ja kerngesund und es standen über 300 Arbeitsplätze auf dem Spiel. Wir haben uns von dem Schaden erholt und das Unternehmen steht wieder auf einem sicheren Fundament.

Manuela, dies möchte ich noch einmal betonen, bin ich erst nach der Scheidung der beiden näher gekommen.
Was den Tod des Finanzbeamten Wiegand angeht, kann ich nicht helfen. Natürlich kannte ich ihn; er hat ja damals beinhart gegen Hartmut ermittelt und wir hatten viele Gespräche. Aber warum sollte ich diesem Herrn etwas antun? Da ist doch weit und breit kein Motiv in Sicht.

Und Manni? Warum sollte ich ihn niederschlagen? Er ist mein Freund; ich habe ihm auch die Martina vorgestellt. Wenn ich allerdings geahnt hätte, dass die beiden sich verlieben, hätte ich es gelassen. Ich meine, damit konnte doch wirklich niemand rechnen. Das ist doch genauso unvorstellbar, wie wenn Helene Fischer den Udo Lindenberg heiraten würde. Völlig grotesk.

Hinweise Markus Reich

Weitere Informationen für dich! Du darfst von all diesem Wissen in der Ermittlungsrunde Gebrauch machen! Wenn du etwas gefragt wirst, solltest du die Wahrheit sagen, denn du bist nicht der Täter und hast nichts zu befürchten.

Du bist ein guter Freund von Manni. Ihr habt vor Jahren für einige Zeit zusammen in Berlin in einer Wohngemeinschaft gelebt. Manni versuchte damals schon, von seiner Musik zu leben. Dann wurde seine damalige Freundin Chantal schwanger und bekam Zwillinge. Er musste mit der Musik aufhören und fing als Briefträger bei der Post an, um die Familie zu ernähren. Mit der Musik wurde er erst Jahre später erfolgreich, als Silvana als Sängerin dazu kam. Sie hat es einfach drauf!

Aus einer Jugendsünde heraus ist Manni vorbestraft; er hat damals Züge der Bahn mit Farbe besprüht und wurde prompt erwischt. Du warst damals auch dabei, bist aber der Polizei entkommen. Manni hat dich nie verraten; er ist ein echter Freund.

Erzähle Manni von seiner Vergangenheit; er erinnert sich ja an nichts mehr.

Nun zu unserem Fall:

Balthasar Wiegand wollte im nächsten Monat auch bei Manuela in der Galerie die Bücher prüfen. Sie war daher sehr in Sorge; dieser Mann ist für sie der personifizierte Albtraum.

Um ihr zu helfen, hast du Balthasar Wiegand angerufen und um ein Gespräch gebeten. Ihr habt euch am Tattag um 14:30 Uhr in Wenningstedt am Hünengrab Denghoog getroffen. Du hast ihn gebeten, Manuela in Ruhe zu lassen. Er hat abgelehnt und gesagt, da sei damals noch ganz viel offen geblieben in Bezug auf die Galerie und hier wolle er nun ansetzen. Du hast dich für Manuela bemüht, konntest aber

59

letztendlich nichts ausrichten.

Berichte den anderen davon, dass Wiegand auch bei Manuela die Bücher prüfen wollte.

Als du nach dem Treffen mit Wiegand zurück nach Keitum gefahren bist, hast du Hartmut in Wenningstedt gesehen. Er fuhr langsam mit einem Leihwagen durch den Ort. Es kam dir vor, als halte er Ausschau nach jemandem. **Frage ihn, was er dort gesucht hat.**

Du hast Wiegand seinerzeit Informationen über Hartmuts Geldgeschäfte gegeben. Dies ist aber nicht verwerflich. Tatsache ist, dass du als leitender Angestellter mit Sorge beobachtet hast, wie ungeniert Hartmut wiederkehrend das Finanzamt betrogen hat. Es wurde immer schlimmer und schließlich wollte er, dass du auch entsprechende Papiere unterzeichnest. Du hast dich geweigert, denn du wolltest dich nicht strafbar machen. Hartmut drohte dir mit Kündigung; der Mann musste mal gestoppt werden, sonst wäre die gesamte Firma verloren gegangen.
Hartmut hatte damals jedes Unrechtsbewusstsein verloren. **Wenn du dich Angriffen ausgesetzt siehst, erkläre den anderen diesen Sachverhalt.**

Du hast Veronika Strahlemann in einer Apotheke in Westerland getroffen. Sie holte dort Medikamente ab. Ist sie krank? Hat sie evtl. Diabetes und spritzt Insulin? **Frage sie danach.**

Manni hat viele Millionen Tonträger verkauft; trotzdem scheint er nie Geld zu haben. Wie kann das sein? Silvana führt die Bücher der Band. **Frage sie nach Mannis Einkünften und Geldanlagen. Wie und wo hat sie sein Vermögen investiert?**

Du bist nach dem Treffen in Wenningstedt zurück nach Keitum gefahren und hast mit Nelson einen langen Spaziergang gemacht. Später, gegen 21:00 Uhr, bist du dann mit Manuela nach Hörnum zur Strandparty gefahren. Als Manni niedergeschlagen aufgefunden wurde, hast du mit Manuela am Lagerfeuer gesessen. Manuela war allerdings kurz vorher auf der Toilette. Sie befand sich also zur Tatzeit im Fall Manni ganz in der Nähe der Promenade. **Sprich dies vorsichtig an.**

Zum Schluss der Ermittlungen schreibt jeder für sich auf, wen er für den Täter hält und nach dem Dessert lösen wir den Fall gemeinsam auf.

Aussage Silvana Husch

(bitte als 6. nach Markus in der Runde vortragen)

Der Manni und ich, wir leben mit 4 Hunden, unserem Pferd Angelika und dem Peterle, einem kleinen Esel, zusammen in einer Finca auf Ibiza und ich war viele Jahre seine Frau. Er nannte mich jedenfalls so, auch, wenn wir keinen Trauschein hatten. Martina ist ja eher der Schicki-Micki-Großstadt-Typ; ich kann mir gar nicht vorstellen, dass sie da in der Natur mit uns leben will.

Zum nächsten Nagelstudio oder Friseur ist es jedenfalls eine ziemlich lange Anfahrt.

Sie stellt sich unser Leben vielleicht ganz falsch vor; wir sind ja nicht immer auf Tour, sondern verbringen auch viel Zeit zu Hause.

Naja, mir soll es recht sein; dann muss ich die ganze Arbeit auch nicht mehr alleine machen. Die Tiere und das Haus kosten echt viel Zeit und Manni, das muss ihr sicher inzwischen auch klar sein, Manni hält nicht viel von Hausarbeit. Er sitzt mehr oder weniger den ganzen Tag in unserem Tonstudio im Keller der Finca und schreibt neue Songs. Was ihn betrifft, glaube ich ganz fest, dass Männer auch in die Wechseljahre kommen. Manni jedenfalls hat den Wechsel von mir zu Martina recht schnell vollzogen. Aber ob Sie es nun glauben oder nicht, unsere Freundschaft hat nicht gelitten. Wir sind einfach Seelenverwandte, der Manni und ich. Deshalb sollte ich auch seine Trauzeugin werden und das hätte ich normal ja auch gemacht! Allerdings leide ich unter Klaustrophobie, seit ein Nachbarsjunge mich als Kind mal in eine Schublade gesperrt und für Stunden vergessen hat. Ich kann in keine kleinen Räume. Ich kriege da sofort Schweißausbrüche und Atemnot. Waren Sie mal da oben in dem Leuchtturm? Da passen nur ganz wenige Leute rein; ich habe mich erkundigt. Das ist total winzig da oben.

Die Strandparty war irre. Ich glaube, Manni und Martina haben halb Hörnum bewirtet. Alle haben ums Feuer getanzt, getrunken, es war echt richtig gut. Irgendwann waren Manni und ich am Strand alleine. Es gab noch einige vertragliche Dinge zu regeln für die Band. Ich manage ja alles alleine und musste so einiges mit ihm bequasseln. Dann war ich kurz zur Toilette und als ich nach gut 10 Minuten zurückkam, fand ich Martina und Manni an der Strandmauer. Er blutete, sie heulte ... das ganze Programm.

Ich weiß echt nicht, was ich da jetzt noch zu sagen soll.

Dieser Steuerfuzzi ist mir nicht über den Weg gelaufen, den kannte ich ja auch persönlich gar nicht, sondern nur aus der Presse von damals, als der Prozess von Hartmut Heber hoch gekocht wurde.

Hinweise Silvana Husch

Weitere Informationen für dich! Du darfst von all diesem Wissen in der Ermittlungsrunde Gebrauch machen! Wenn du etwas gefragt wirst, solltest du die Wahrheit sagen, denn du bist nicht der Täter und hast nichts zu befürchten.

Manni leidet unter Amnesie und möchte sicher ein paar Dinge über sein bisheriges Leben von dir wissen. **Falls er also fragt, hier einige Antworten:**

Er war bereits drei Mal verheiratet und hat aus diesen Verbindungen 7 Kinder (unter anderen Zwillinge). Er muss jeden Monat ca. 5.000 Euro Unterhalt zahlen. **Erzähle Manni und den anderen davon**

Aus einer Jugendsünde heraus ist er vorbestraft; er hat damals Züge der Bahn mit Farbe besprüht und wurde prompt erwischt. Markus war, dies hat Manni dir erzählt, damals auch dabei; er ist aber entwischt und Manni hat ihn nie verraten.

Eure Band „Dogs and Frogs" ist sehr erfolgreich. Ihr habt in den letzten Jahren 2 Millionen Tonträger verkauft, unzählige Konzerte gegeben und verschiedene Preise abgeräumt. Fakt ist aber auch, dass die Musik von Manni erst so richtig erfolgreich wurde, als **du als Sängerin** eingestiegen bist. Manni komponiert und macht die Texte und du singst. **Das ist der Schlüssel zum Erfolg bei „Dogs and Frogs". Ihr ergänzt euch einfach perfekt.**

Manni kann allerdings überhaupt nicht mit Geld umgehen; Du führst die Bücher der Band und auch Mannis privates Konto. Leider kennst du dich nicht besonders gut in Sachen Geldanlage und Buchhaltung aus.
Du hast für Manni Aktienpakete gekauft, die stark an Wert

verloren haben. Der Verlust für ihn beträgt ca. 150.000 Euro. Außerdem hattet ihr kürzlich für die Band „Dog and Frogs" eine Steuerprüfung und musstet 156.700,00 Euro nach- und vorauszahlen. Manni hat davon gar nichts bemerkt, er überlässt all diese Dinge dir und lebt immer fröhlich in den Tag. Die Steuernachzahlung hast du von allen Konten zusammengekratzt; auch von Mannis Privatkonto. Es sind zurzeit nur noch 3.400,00 Euro auf seinem Konto.

Martina hat nun angekündigt, dass sie nach der Hochzeit Mannis Kontoführung und das Management der Band übernehmen wird. Sie sagte dir, dass Manni damit einverstanden sei. Dies hat er dir auf der Party auch bestätigt! **Versuche ihn davon zu überzeugen, dass man diese Dinge nicht der jungen und völlig unerfahrenen Martina überlassen kann.**

Du hast Hartmut Heber auf der Party kennengelernt. Er hat dich gefragt, ob du ihm in einer Geldsache helfen könntest. Es geht um den Verkauf von drei Bildern aus Manuelas Galerie. Du sollst hier als eine Art Mittelsmann fungieren. Heber sagte dir, du könntest viel Geld damit verdienen; er sprach von 150.000,00 Euro, die du cash kassieren würdest. Leider hast du nicht ganz verstanden, um was es da geht. **Eventuell fragst du noch einmal genauer nach.**

Während der Strandparty bist du Manni wieder näher gekommen; irgendwann in der Nacht seid ihr runter ans Wasser und habt geknutscht. Schließlich sagte Manni, der ganze Hochzeitstrubel sei ihm zu viel und am liebsten würde er mit dir ins Hotel fahren und die Minibar plündern. Du wolltest nur noch kurz zur Toilette, dann wolltet ihr euch an der Strandpromenade treffen und abhauen. Als du zurückkamst, lag er verletzt dort.

Es spricht nichts dagegen, den anderen davon zu erzählen.

Zum Schluss der Ermittlungen schreibt jeder für sich auf, wen er für den Täter hält und nach dem Dessert lösen wir den Fall gemeinsam auf.

Aussage Hartmut Heber

(bitte als 7. nach Silvana in der Runde vortragen)

Ich bin seit einer Woche wieder ein fast freier Mann. Fast frei heißt, ich habe noch 2 Bewährungsjahre und ich kann Ihnen versichern, dass ich diese Freiheit durch nichts aufs Spiel setzen würde. Eingesperrt und nicht mehr selbstbestimmt zu sein, war so ziemlich das schlimmste Erlebnis, welches ich je hatte.

Dass es überhaupt dazu kam, dass das Finanzamt, bzw. dieser Herr Wiegand mich der Steuerhinterziehung überführen konnte, hatte mit Informationen zu tun, die ihm seinerzeit aus meinem engsten Umfeld zugespielt worden sein müssen. Ich hatte sozusagen den Wolf im Schafpelz sitzen.

Aber gut, das ist vorbei und ein Hartmut Heber fängt immer was Neues an.

Die Strandparty war nett, ich habe mich gut unterhalten. Allerdings habe ich sie auch als einer der ersten verlassen. Das war so gegen 24:00 Uhr. Ich bin mit dem Leihwagen nach Keitum in unser Haus. Ich sage bewusst *unser* Haus. Auch wenn es auf Manuelas Namen gekauft wurde: Ich habe es bezahlt. Gut, dass ich mich ins Ehebett gelegt habe, war vielleicht etwas verwegen, aber ich konnte einfach nicht widerstehen. Außerdem habe ich seit dem Knast „Rücken" und die Matratzen im Ehebett sind sehr komfortabel. Habe ich übrigens damals auch bezahlt! Da wird man wohl auch nochmal drin schlafen dürfen.

Und Manuela, ins Haus kam ich ohne Probleme, der Ersatzschlüssel liegt nämlich immer noch an der alten Stelle versteckt. Der Mensch ist halt ein Gewohnheitstier. HAHAHAHAHA.

Hinweise Hartmut Heber

Weitere Informationen für dich! Du darfst von all diesem Wissen in der Ermittlungsrunde Gebrauch machen! Wenn du etwas gefragt wirst, solltest du die Wahrheit sagen, denn du bist nicht der Täter und hast nichts zu befürchten.

Du warst in der Nacht, nach der Party, zum ersten Mal nach der Haft wieder in eurem Haus in Keitum. Dies kann für die Ermittlungen wichtig werden.

In Manuelas Galerie hängen noch 3 Bilder; sie sind ca. 1,5 Millionen Euro wert und gehören dir. Ihr habt sie damals vor dem Finanzamt verbergen können. Du hast Manuela gebeten, die Bilder jetzt für dich zu verkaufen. Dies müsste aber über einen Mittelsmann geschehen; Manuela kann dir das Geld nicht direkt überweisen, sonst wird es direkt gepfändet. Du hast auf der Party Silvana gefragt, ob sie Lust hat, ein schnelles Geschäft zu machen. Sie soll als Besitzerin der Bilder auftreten, wenn diese verkauft werden. Ob das alles klappt, weißt du nicht genau, es ist zunächst eine vorläufige Idee. Du hast Silvana eine Prämie von 10 %, also 150.000,00 Euro cash in Aussicht gestellt. Die Sache eilt, denn:
Markus Reich hatte dir auf der Party erzählt, dass Wiegand eine Steuerprüfung in Manuelas Galerie angeordnet hat. Deine Sorge ist, dass das Finanzamt dabei auf diese 3 Bilder stoßen könnte, die für dich den finanziellen Neustart bedeuten.

Auch das Haus in Keitum willst du veräußern; es ist sicher über 5 Millionen Euro wert. Hier stellt Manuela sich aber quer. Das Anwesen gehört laut Grundbuch ihr; du wirst sie nicht zum Verkauf zwingen können. Ihr habt euch daher auf der Party heftig gestritten. Wenn Manuela nicht verkaufen will, soll sie dich auszahlen, aber auch das hat sie abgelehnt.

Du warst wegen dem Hausverkauf am Nachmittag bei einem Sylter Makler; hier hingen auch verschiedene Eigentumswohnungen aus. Da du dich immer für Immobilien interessierst, hast du dir das gesamte Angebot des Maklers angesehen. Es ist dir eine Wohnung dabei aufgefallen, die sich in dem Haus, in welchem Frau Strahlemann wohnt, befindet. Leider waren noch keine Fotos dabei; der Makler sagte dir, diese würden in den nächsten Tagen erst gemacht. Er habe die Wohnung neu im Angebot und die Offerte sei noch nicht vollständig. Die Wohnung soll 450.000 Euro kosten. Ist es die Wohnung von Frau Strahlemann? **Frag sie, ob sie an einen Verkauf denkt.**

Du hast heute bei der Anreise mit dem Zug den Steuerbeamten Balthasar Wiegand gesehen. Als er ausstieg, bist du ihm zunächst gefolgt: du wolltest wissen, was er auf Sylt macht. Er stieg dann mit seiner kleinen blauen Reisetasche in die Linie 3 nach Wenningstedt. Du bist zum Autoverleih am Bahnhof gegangen und hast dir einen Leihwagen genommen. Dann bist du auch nach Wenningstedt gefahren, hast Wiegand aber nicht mehr gefunden. Schade, du wolltest ihn fragen, von wem er seinerzeit die Informationen über deine Steuertricks erhalten hat. Jetzt, nach deiner Haft, ist dies doch sicher kein Geheimnis mehr.

Natürlich hast du Erkundigungen über Manni Hardenberg eingeholt, er wollte ja deine Tochter heiraten. Ein befreundeter Banker aus Hamburg hat dir vertraulich gesteckt, dass Hardenberg nicht mit Geld umgehen kann. Er besitzt so gut wie nichts, obwohl die Band „Dogs und Frogs" sehr erfolgreich ist. Kürzlich hat Hardenberg wohl auch viel Geld bei Aktiengeschäften verloren. **Sprich dies ruhig mal an.**
Da Hardenberg in Geldangelegenheiten ein unsicherer Kandidat ist, wolltest du, dass er einen Ehevertrag unter-

zeichnet, den du zur Party mitgebracht hattest. Da Martina und Manni ja schon am nächsten Tag heiraten wollten, war Eile geboten. Hardenberg hat sich geweigert, sofort zu unterzeichnen. Er wollte den Vertrag erst prüfen lassen, aber dazu war ja keine Zeit. Ihr hattet ein Wortgefecht deshalb.

Du fragst dich schon all die Jahre, wer vor Jahren die Unterlagen über deine Schweizer Konten an das Finanzamt gegeben hat. Es kommen nur Manuela und Markus Reich dafür infrage, aber Manuela traust du so etwas nicht zu. **Frage Markus ganz direkt, ob er mit Wiegand zusammen gearbeitet hat.**

Und hier noch dein Tagesablauf:
Nach Ankunft in Westerland und dem Ausflug nach Wenningstedt hast du den Makler wegen des Hauses in Keitum aufgesucht und gleich danach bei einem Notar den vorbereiteten Ehevertrag für Martina abgeholt. Danach bist du mit dem Wagen über die Insel gefahren, hast in List im Hafen ein Fischbrötchen gegessen und bist dann zu deinem Lieblingsplatz am Ellbogen gefahren. Dort hast du im Sand geschlafen. Am frühen Abend bist du zur Samoa-Strandsauna gefahren. Dort hast du geduscht und dich für die Party fertiggemacht. Nach einem kleinen Imbiss bist du dann nach Hörnum zur Party gefahren, dies war gegen 23:00 Uhr. Du hast die Party aber schon nach gut einer Stunde wieder verlassen.
Als du zum Parkplatz gegangen bist, hat Wiegand in diesem Strandkorb an der Hochzeitshütte gesessen und sehr feste geschlafen. Du hast ihn angesprochen und an den Schultern gerüttelt, aber er schnarchte still vor sich hin. Du hast ihm dann mit einem schwarzen Filzer, den du zufällig dabei hattest, einen Schnurrbart aufgemalt. Es sollte eine kleine Rache sein, für all das, was du wegen ihm

durchgemacht hast.

Gegen 00:50 Uhr ca. warst du dann in Keitum und hast dich ins Ehebett schlafen gelegt.

Zum Schluss der Ermittlungen schreibt jeder für sich auf, wen er für den Täter hält und nach dem Dessert lösen wir den Fall gemeinsam auf.

Aussage Veronika Strahlemann

(bitte als 8. nach Hartmut in der Runde vortragen)

Mein Stiefbruder Balthasar ist schon zur Ausbildung als Finanzbeamter nach Hamburg verzogen und ich bin hier auf der Insel geblieben und habe mich um unseren alten Vater gekümmert bis er starb. Balthasar war mit Leib und Seele in diesem Beruf tätig. Er hat mir oft erzählt, dass gerade zurzeit, wo so viele Steuer-CDS gekauft werden, unglaublich viele Selbstanzeigen gemacht werden. Die hatten wirklich alle Hände voll zu tun beim Finanzamt und das Geld sprudelt seitdem nur so in die öffentlichen Kassen!

Mein Leben hier auf der Insel ist nicht halb so aufregend, wie das eines Finanzbeamten.

Ich arbeite halbe Tage in einem Schuhhaus in Westerland, sitze ab und zu vertretungsweise in den Strandhäuschen, wo die Kurkarten kontrolliert werden hier auf der Promenade und kümmere mich um meine alte Nachbarin, Frau Loskes. Frau Loskes und ich wohnen schon ein gefühltes Leben lang Türe an Türe; da lässt man sich nicht im Stich, wenn einer nicht mehr kann. Zumal Frau Loskes auch die letzte Freundin meines Vaters war. Er war ja schon lange Witwer und die beiden haben sich, so Türe an Türe wohnend, angefreundet.

Mein Bruder war an seinem Todestag nicht bei mir, aber das hab ich ja schon gesagt. Ich war am Abend auf einer Geburtstagsfeier in Westerland und bin erst spät wieder mit dem Bus nach Hörnum zurück.

Was könnte Sie sonst noch interessieren?

Dass mein Bruder Alkohol im Blut hatte, wundert mich wenig. Balthasar hat immer viel zu viel getrunken. Ein Bier hier, ein Schnaps da; er war oft so richtig tucki. Dem Alkohol sollte man daher nicht allzu viel Bedeutung zumessen; das war bei ihm nicht ungewöhnlich.

Ich werde mich nun um die Beerdigung kümmern. Balthasar wollte eingeäschert werden. Dem komme ich gerne nach. Und dann lasse ich mir einen Diamanten aus seiner Asche pressen. So einen Diamanten wollte ich ja immer schon mal haben. Und Balthasar kann dann jeden Tag an meinem Finger mit mir über die Insel fahren. Das ist doch ein schöner Gedanke, oder?

Hinweise Veronika Strahlemann

Weitere Informationen für dich! Du darfst von all diesem Wissen in der Ermittlungsrunde Gebrauch machen! Wenn du etwas gefragt wirst, überlege dir gut, was du antwortest, damit du dich nicht verdächtig machst.

Balthasar gehörten 50 % der Eigentumswohnung, in der du lebst. Ihr habt sie gemeinsam vom Vater geerbt. Vor einem halben Jahr sagte er dir erstmals, die Wohnung müsse verkauft werden. Er wollte auch mal etwas haben von seinem Erbe. Alternativ solltest du ihn auszahlen mit 230.000,00 Euro. Ein neuer Wohnungsbesitzer hätte dir zwar nur schwer kündigen können, aber natürlich hättest du dann künftig eine entsprechende Miete zahlen müssen. Beide Varianten, Miete oder Auszahlen von Balthasar, kannst du dir als Schuhverkäuferin in Halbtagesstellung kaum leisten. Balthasar hat dich dann immer wieder darauf angesprochen, aber du hast sein Ansinnen über die Monate einfach ignoriert. Gestern hat Balthasar dich am späten Nachmittag besucht und dir gesagt, dass er die Wohnung einem Makler zum Verkauf angeboten habe. Er argumentierte, du hättest lange genug Zeit gehabt für eine Entscheidung, nun müsse er eben aktiv werden. Du warst völlig verzweifelt, denn ein Leben ohne Sylt und deine Wohnung kannst du dir nicht vorstellen. Balthasar hat ein paar Schnäpschen getrunken und sich dann für ein Nickerchen aufs Schlafsofa gelegt. Er wollte auch über Nacht bleiben; seine kleine blaue Reisetasche hatte er dabei; sie steht inzwischen bei deiner Nachbarin Frau Loskes im Abstellraum.

Du hast den Entschluss gefasst, Balthasar am Verkauf der Wohnung zu hindern und zwar mit allen Mitteln. Deine beste Freundin Renata ist Krankenschwester. Sie hat dir mal erzählt, dass man mit der entsprechenden Menge Insulin einen Menschen töten kann. Deine Nachbarin, Frau Loskes, ist Diabetikerin und du besorgst ihr immer die Medikamente. Frau Loskes liegt fast immer im Bett und du hast ihren Wohnungsschlüssel. Es war ein leichtes Unterfangen für dich, ein Fläschchen Insulin nebst Spritze und Schlafmittel bei ihr zu entwenden. Sie benutzt keinen Pen; du ziehst die Spritzen immer für sie auf und setzt sie ihr auch; darin bist du sehr geübt. Später hast du Kaffee gekocht und 3 Schlaftabletten in den Kaffee gerührt. Diesen Kaffee hast du für Balthasar auf den Tisch gestellt. Sicherheitshalber hast du auch eine Flasche Bier geöffnet, Schlaftabletten hinein gerührt und diese dann in den Eisschrank gestellt. Danach bist du mit dem Bus nach Westerland gefahren; Renata hatte dich zu ihrem Geburtstag auf einen Umtrunk in ein Café eingeladen. Dort bist du bis ca. 23:00 Uhr geblieben. Es war ca. 23:45 Uhr, als du zurück in der Wohnung warst. Du wolltest Balthasar das Insulin in der Nacht spritzen, wenn er tief und fest schläft und am nächsten Morgen den Notarzt rufen. Du hast gehofft, dass der Tod Balthasars dann als plötzlicher Herztod durchgeht. So war der Plan.

Als du zurück in die Wohnung kamst, waren die Kaffeekanne und die Flasche Bier leer, aber Balthasar war weg. Du hast das Insulin mit der Spritze eingepackt und bist raus, um ihn in der Dunkelheit zu suchen. Der Zufall kam dir zu Hilfe; er saß gleich in der Nähe in dem Strandkorb. Du hast beobachtet, wie sich ein Mann über ihn beugte und dann schnell wegging. Der Mann war Hartmut Heber! Als Heber mit dem Wagen weg war, hast du das Insulin genommen und Balthasar 2 x 100 ml in den Hals gespritzt. Er hat gar nichts davon gemerkt.

Nun musst du schauen, wie du aus der Sache rauskommst. Am besten, du verhältst dich ruhig und unauffällig. Versuche, den Verdacht auf andere Personen am Tisch zu lenken. Hartmut Heber z.B. hat doch nun wirklich auch ein sehr starkes Motiv, nämlich die Rache! Versuche ihn in Verdacht zu bringen.

Außerdem: Balthasar hat Renata Uppermann als junge Frau ganz schön abserviert. Sie ist damals extra zu ihm nach Hamburg gezogen und hätte ihn gerne geheiratet. Auch, wenn sie es anders darstellt. Balthasar hat sie damals verlassen, nicht umgekehrt. Ob sie das je verwunden hat, ist fraglich. **Bring das ruhig auch zur Sprache; es stiftet zumindest Verwirrung.**

Gib auf keinen Fall ein Geständnis ab!!!
Andere hier am Tisch haben auch ein Motiv.

Zum Schluss der Ermittlungen schreibt jeder für sich auf, wen er für den Täter hält und nach dem Dessert lösen wir den Fall gemeinsam auf.

Aussage Renata Uppermann

(bitte als 9. nach Veronika in der Runde vortragen)

Ich bin Renata Uppermann und arbeite als Krankenschwester in der Klinik in Westerland. Seit einigen Jahren wohne ich allerdings in Niebüll, weil die Mieten für normale Leute hier auf der Insel kaum noch erschwinglich sind. Das sind eben die Nebenwirkungen, wenn man da lebt, wo andere urlauben.

Veronika Strahlemann, Balthasar und ich, wir kennen uns schon sehr lange Zeit. Ich bin als junge Frau schon hierhergekommen, um zu arbeiten und war damals auch mal kurz mit dem Balthasar verlobt und bin mit ihm in die Hansestadt gezogen. Aber ehrlich, der Balthasar hatte immer nur das Finanzamt im Kopf. Er war schon als junger Mann so schrecklich korrekt und akribisch, das war dann doch nicht so der richtige Mann für mich.

Wenn er ab und zu hierher kam, haben wir uns schon auch mal auf einen Kaffee getroffen.

Aber die letzten Tage habe ich nichts von ihm gehört. Der arme Mann. Kaum zu begreifen, dass er nun tot ist. Wir haben in dieser Todesnacht meinen Geburtstag in Westerland in einem Café gefeiert. Veronika ist eine sehr gute Freundin und war auch da. Wenn ich gewusst hätte, dass Balthasar auf der Insel ist, hätte ich ihn natürlich mit eingeladen.

Tja, sonst kann ich Ihnen wohl kaum was erzählen. Wenn wir aber gerade alle so schön zusammen sind: Ich suche eine neue Stelle. Der Schichtdienst kostet Kraft. Wenn jemand was weiß, kann er sich gerne bei mir melden. Vielleicht in der Kinderbetreuung? Da würde ich gerne arbeiten. Mit Kindern konnte ich immer schon gut!

Hinweise Renata Uppermann

Weitere Informationen für dich! Du darfst von all diesem Wissen in der Ermittlungsrunde Gebrauch machen! Wenn du etwas gefragt wirst, solltest du die Wahrheit sagen, denn du bist nicht der Täter und hast nichts zu befürchten.

Zu deiner Person:
Du bist als junge Frau mit deinen Eltern aus Polen nach Sylt gekommen.
Später hast du einen Herrn Uppermann geheiratet, bist aber seit langem wieder geschieden.

Mit Insulin zu töten ist nicht so sicher, wie man sich das vielleicht vorstellt. Viele Menschen fallen nach einer Überdosierung einfach ins Koma. Weit gelaufen kann Balthasar mit so einer Dosis Insulin nicht mehr sein. Das wirkt ziemlich schnell.
Du nimmst daher an, dass ihm das Insulin an Ort und Stelle, also in dem Strandkorb, verabreicht wurde.
Erzähle den anderen davon.

Veronika ist eine gute Freundin! Vor Jahren hast du ihr mal erzählt, dass in England ein Mann den fast perfekten Mord mit Insulin begangen hat. Es baut sich schnell im Körper ab und ist dann nicht mehr nachweisbar. Man hat ihn aber schließlich doch überführt.

Du hast in der Klinik natürlich auch Zugang zu den Medikamenten und auch zu Insulin. Es kann schon passieren, dass dich der eine oder andere deshalb verdächtigt. Wenn dies passiert, frage nach dem Motiv. Balthasar hat dich zwar in jungen Jahren übel sitzenlassen, aber das ist doch jetzt, nach so vielen Jahren, wirklich kein Mordmotiv mehr.

Die Geburtstagsfeier in Westerland hat bis ca. 23:00 Uhr gedauert. Du hast in der Klinik in Wenningstedt übernachtet; es gibt da ein paar entsprechende Personal-Zimmer. Veronika ist wieder nach Hörnum zurück. Auf dem Weg vom Bus bis zu ihrer Wohnung kommt sie aber nicht an der Hochzeitshütte vorbei.

Ansonsten ein Tipp:
Höre genau zu, was die anderen aussagen und mache dir Notizen.
Du hast den Kopf frei und kannst besonders gut ermitteln.
Sicher wirst du kaum verdächtigt werden.

Versucht herauszufinden, wer Gelegenheit und Motiv hatte, Balthasar zu töten.

Und Manni Hardenberg? War es ein Unfall oder wurde er geschubst?

Zum Schluss der Ermittlungen schreibt jeder für sich auf, wen er für den Täter hält und nach dem Dessert lösen wir den Fall gemeinsam auf.

Aussage Ulf Beerenbaum

(bitte als 10. nach Renata in der Runde vortragen)

Ich bin Polizeikommissar Ulf Beerenbaum und war ja mit meinem Vorgesetzten, dem Ludger Hansen, als einer der ersten vor Ort.
Eine Leiche mit aufgemaltem Schnäuzer hat man auch nicht alle Tage, oder? Ich frage mich, ob der Mörder sich hier verewigt hat. Vielleicht stehen wir ja vor einer Mordserie? Man kann nichts ausschließen!
Verzeihen Sie mir meine Begeisterung, aber mal in einem Mordfall zu ermitteln, ist eine riesige Abwechslung.
Es mag Ihnen vielleicht pietätlos vorkommen, aber wenn ich immer nur Knöllchen aufschreibe oder ab und zu einen Einbruch bearbeite, ist das auf Dauer wenig erfüllend.
Den Toten kannte ich persönlich nicht. Ich habe eben erst erfahren, dass er ein Bekannter von Renata war. Renata kenne ich schon seit meiner Kindheit, sie hat als Babysitter früher ab und zu auf mich aufgepasst. Ich war am Tattag auch ganz kurz auf ihrem Geburtstagsfest in Westerland.
Naja, warten wir mal ab. Ich denke, der Ludger Hansen hat schon so manchen Verbrecher zur Strecke gebracht; das kann sich der Täter schon mal hinter die Ohren schreiben.

Hinweise Ulf Beerenbaum

Weitere Informationen für dich! Du darfst von all diesem Wissen in der Ermittlungsrunde Gebrauch machen! Wenn du etwas gefragt wirst, solltest du die Wahrheit sagen, denn du bist nicht der Täter und hast nichts zu befürchten.

Du wirst sicher nicht unter Verdacht geraten, daher kannst du besonders gut zuhören und ermitteln.

Versuche, ein Motiv herauszufinden für beide Taten.

Und hat Manni Hardenberg wirklich sein Gedächtnis verloren, oder veräppelt er alle, um der Hochzeit zu entgehen?
Möglich wäre es.

Balthasar Wiegand war, dies haben wir gehört, recht akribisch und pedantisch.
Ein wohl eher unangenehmer Zeitgenosse, dem wohl eher niemand eine Träne nachweint.
Versuche herauszufinden, wo Wiegand als Finanzbeamter überall ermittelt hat, bzw. an welchem Fall er zurzeit arbeitete.

Wer kannte ihn persönlich in dieser Runde und wann ist er diesen Personen zuletzt persönlich begegnet?

Versuche auch, ein Bewegungsprotokoll von Wiegand zu erstellen. Was hat er an seinem Todestag genau gemacht?
Wie passen alle diese Informationen in ein Bild?

Zum Schluss der Ermittlungen schreibt jeder für sich auf, wen er für den Täter hält und nach dem Dessert lösen wir den Fall gemeinsam auf.

Aussage Neutraler Beobachter
(bitte als letzter in der Runde vorlesen)

Ich nehme als neutraler und unabhängiger Beobachter an dieser Ermittlungsrunde teil.

Dies ist insofern von Vorteil, als dass ich sehr genau hinhören und aufpassen kann, denn ich bin nicht so befangen wie alle anderen am Tisch.

Der Mörder kann sich also darauf gefasst machen, dass ich die Person bin, vor der er sich am meisten in Acht nehmen muss.

Ich werde sehr genau darauf achten, was die einzelnen Personen aussagen und bin sicher, dass ich dem Täter auf die Spur kommen werde.

Hinweise Neutraler Beobachter

Weitere Informationen für dich! Du darfst von all diesem Wissen in der Ermittlungsrunde Gebrauch machen! Wenn du etwas gefragt wirst, solltest du die Wahrheit sagen, denn du bist nicht der Täter und hast nichts zu befürchten.

Auf den ersten Blick kommt es dir vielleicht etwas langweilig vor, keine eigene Rolle zu haben. Das ist aber auf keinen Fall so, denn du hast als einziger am Tisch den Kopf frei und musst dich nicht mit eigenen Motiven und dergleichen beschäftigen. Einige der Personen, die hier am Tisch sitzen, haben ein kleines oder größeres Geheimnis - und diese Geheimnisse gilt es, herauszufinden. Oft gehen gute Ermittlungsansätze im Gespräch unter, weil neue Vorwürfe laut werden und das vorher Gesprochene in Vergessenheit gerät. Höre genau hin und versuche, jeder einzelnen Aussage auf den Grund zu gehen. Mach dir Notizen, wenn du etwas wichtig erachtest.

Sei darauf gefasst, dass du schon alleine wegen deiner Anwesenheit verdächtigt werden kannst. Verteidige dich vehement, denn du hast ja nichts getan.

Überlege dir eine gute Ausrede, warum du überhaupt von dem Mord erfahren hast. Warum warst du vor Ort? Wer hat dich informiert? Verbünde dich mit einem der Beschuldigten und verteidige ihn vehement, aber nur mit jemand, den du selbst als Täter ausschließt!

Bedenke: Die meisten Morde sind eine Beziehungstat und geschehen aus Eifersucht oder verschmähter Liebe. Aber auch die Gier darf nicht als Motiv unterschätzt werden. Der springende Punkt heute ist: Wer hatte ein Motiv, diese Tat zu begehen und wer die Gelegenheit?

Zum Schluss der Ermittlungen schreibt jeder für sich auf, wen er für den Täter hält und nach dem Dessert lösen wir den Fall gemeinsam auf.

Auflösung: Der fast perfekte Mord!

Wir haben heute zwei verschiedene Fälle aufzuklären, nämlich den Tod des Finanzbeamten Balthasar Wiegand und den Sachverhalt um die Verletzung von Manni Hardenberg.

Wenden wir uns zunächst der Verletzung von Manni Hardenberg zu:
Dieser ist mit dem Hinterkopf auf die Mauer der Promenade gestürzt. Es ist daher zu vermuten, dass eine dritte Person beteiligt war. Wenn er beim Vorwärtslaufen gestürzt wäre, hätte er sich bestimmt mit den Händen abgefangen oder aber eine Verletzung am vorderen Kopfbereich davon getragen.

Wir wissen, dass Manni mit Silvana am Wasser war; diese ist dann zur Toilette gegangen und kam nach gut 10 Minuten zurück. Manni lag bei ihrer Rückkehr bereits blutend im Sand und Martina kümmerte sich gerade um ihn.

Wen kann Manni in dieser kurzen Zeit getroffen und so auf die Palme gebracht haben, dass es zu einer Rangelei kam? Hartmut, mit dem er ja wegen des Ehevertrags während der Party Streit hatte, war zu dieser Zeit längst in Keitum.
Ich erzähle Ihnen, wie es war:
Manni war mit Silvana am Strand; die beiden haben herumgeknutscht und beschlossen, die Verlobungsfeier alleine im Hotel Stadt-Hamburg mit der Minibar fortzusetzen.
Martina hat die beiden dabei beobachtet und war mächtig sauer. Als Silvana kurz zur Toilette und Manni Richtung Promenade ging, stellte sie ihren Bräutigam zur Rede. Bei einem Wortgefecht schubste sie ihn; er verlor im Sand den Halt und knallte mit dem Kopf auf die Mauer. Als Silvana

dann dazu kam, hat sie in Panik behauptet, Manni so gefunden zu haben.

Soweit zu diesem Fall, der die Ermittlungen im Fall Balthasar Wiegand erst ausgelöst hat.

Für den Mörder von Balthasar ist die Verletzung von Manni Hardenberg somit zum Verhängnis geworden. Nur, weil der schwer verletzte Manni Hardenberg fast zeitgleich am Strand und somit in unmittelbarer Nähe des Toten gefunden wurde, kamen weitere Ermittlungen überhaupt ins Rollen.

Wer hat Wiegand also zunächst ein Schlafmittel verabreicht und anschließend die tödlichen Spritzen gesetzt?

Hartmut Heber z.B. hätte ein Motiv. Der Finanzbeamte Wiegand hat nicht nur zu seiner Verhaftung beigetragen. Er wollte nun auch in der Galerie seiner Ex-Frau Manuela eine Prüfung durchführen. Dabei wäre sicher aufgefallen, dass dort Bilder im Wert von 1,5 Millionen Euro hängen, die Hartmut gehören. Diese Bilder bedeuten für ihn den Neustart. Hartmut Heber als Täter käme auch zeitmäßig hin. Er ist auf dem Rückweg von der Party gegen 24:00 Uhr, an der Hochzeitshütte vorbeigelaufen. Der Tote wurde zwar erst um 2:30 Uhr gefunden, er starb aber laut Obduktion schon gegen 0:30 Uhr.

Die Gelegenheit hätte Hartmut also gehabt und er hat Wiegand auch tatsächlich auf dem Weg zum Parkplatz, feste schlafend im Strandkorb an der Hochzeitshütte, angetroffen. Hartmut war es, der dem Finanzbeamten mit einem schwarzen Filzer den Schnurrbart aufgemalt hat.

Das war es aber auch schon; mehr hat er sich in Bezug auf den Toten nicht zuschulden kommenlassen.

Wie hätte er dem Opfer auch Schlafmittel verabreichen sollen und wie hätte er so rasch an Insulin kommen sollen?

In Martinas Handtasche fehlte nichts und Hartmut war erst nach der Feier erstmals wieder im Haus in Keitum, wo Martina weitere Bestände Insulin aufbewahrt.

Und woher hätte Hartmut überhaupt wissen sollen, dass er ausgerechnet in dieser Nacht in diesem Strandkorb seinen Erzfeind feste schlafend vorfindet?

Diese Argumentation greift auch bei fast allen anderen Beteiligten. Wer von den Partygästen hätte auch nur ahnen können, dass Wiegand ausgerechnet in dieser Nacht in Hörnum auftaucht? Niemand!

Nein, der Täter hat die Tat geplant und er hatte die Chance, ihm Schlafmittel zu verabreichen und er hat Zugriff auf Insulin.

Die einzige Person, die hier in Frage kommt, ist Veronika Strahlemann, die Schwester des Toten.
Sie hat auch ein starkes Motiv!
Veronika wohnt in einer Eigentumswohnung, die sie vom Vater geerbt hat. Wir wissen, dass dieser Vater auch Wiegands Vater war. Da liegt es nahe, dass Wiegand Miteigentümer der Wohnung ist! Tatsächlich gehörten ihm 50 % dieser Eigentumswohnung. Vor einem halben Jahr sagte er seiner Schwester erstmals, dass er auch einmal etwas von seinem Erbe haben wolle. Er fragte Veronika, ob sie ihn mit 230.000 Euro auszahlen könne. Soviel Geld kann Veronika aber nicht aufbringen.
Wiegand vertrat daher die Meinung, dass die Wohnung verkauft werden müsse.
Im Falle eines Verkaufs an fremde Personen hätte ein neuer Wohnungsbesitzer der Veronika zwar nur erschwert kündigen können, aber natürlich hätte sie auf jeden Fall eine

entsprechende Miete zahlen müssen.

Balthasar hat seine Schwester in den letzten Wochen immer wieder auf einen Verkauf oder eine Auszahlung angesprochen, aber sie hat sein Ansinnen einfach ignoriert.

Am Tattag hat Balthasar sie am späten Nachmittag besucht und ihr gesagt, dass er einen Makler bezüglich des Verkaufs angesprochen habe. Er argumentierte, sie hätte lange genug Zeit gehabt für eine Entscheidung, nun müsse er eben aktiv werden.

Veronika war völlig verzweifelt. Sie fasste den Entschluss, Balthasar mit allen Mitteln am Verkauf der Wohnung zu hindern und erinnerte sich an eine Erzählung von Renata Uppermann, ihrer besten Freundin. Diese hat ihr vor Jahren mal berichtet, dass ein Mann in England seine Frau mit Insulin getötet hatte und dass dies ein fast perfekter Mord war. Der Mann war nur durch sehr aufwändige Verfahren überführt worden. Sie entschloss sich, es ebenso zu versuchen.

Als Balthasar in der Wohnung bei ihr ankam, hat er ein paar Schnäpschen getrunken und sich dann für ein Nickerchen aufs Schlafsofa gelegt.

Er wollte über Nacht bleiben; seine kleine blaue Reisetasche hatte er dabei; sie steht inzwischen bei der Nachbarin Frau Loskes im Abstellraum.

Diese Frau Loskes liegt meistens krank im Bett und Veronika hat ihren Wohnungsschlüssel. Es war ein Leichtes für sie, ein Fläschchen Insulin nebst Spritze und Schlafmittel bei ihr zu entwenden; diese Medikamente besorgt sie ja regelmäßig für ihre Nachbarin. Sie ist auch geübt im Spritze aufziehen und setzen; auch dies erledigt sie mehrmals am Tag für Frau Loskes.

Später hat sie Kaffee gekocht und 3 Schlaftabletten in den

Kaffee gerührt. Sicherheitshalber hat sie auch eine Flasche Bier geöffnet, Schlaftabletten hineingerührt und diese dann in den Eisschrank gestellt. Danach fuhr sie nach Westerland zur Geburtstagsfeier von Renata. Sie hoffte, Balthasar bei der Rückkehr tief schlafend vorzufinden, um ihm dann, quasi ungestört, das Insulin zu spritzen. Am nächsten Morgen, so der Plan, wollte sie ihn dann „tot auffinden" und den Notarzt rufen.

Dieser hätte sicher auf plötzlichen Herztod getippt und alles wäre im Sinne von Veronika glatt verlaufen.

Als sie jedoch am Tatabend spät zurück in die Wohnung kam, waren das Bier und die Kaffeekanne leer, Balthasar aber verschwunden.

Veronika steckte die Spritze und das Insulin ein und machte sich auf die Suche. Sie hatte Glück und fand Balthasar im Strandkorb an der Hochzeitshütte. Hartmut Heber beugte sich gerade über ihn und malte mit dem Filzer den Bart in Wiegands Gesicht.

Als Hartmut weg war, hat Veronika dem tief schlafenden Balthasar 2 x 100 ml Insulin in den Hals gespritzt.

Veronika wäre vermutlich der perfekte Mord gelungen, wenn Manni auf seiner Vorhochzeitsparty nicht mit Silvana herumgeknutscht und Martina ihn in der Folge nicht umgeschubst hätte. Alleine durch diese Umstände wurde im Fall Balthasars Wiegand so umfangreich ermittelt.

Lesen Sie Ihren Gästen bitte nun noch das Nachwort vor.

Nachwort

Schlagzeile in der Bildzeitung:
Gemälde erzielen Rekordergebnis. Unbekannter Verkäufer erhält 2 Millionen Euro für drei Bilder aus deutscher Galerie. Sensationelles Ergebnis bei Sotheby's.

Manuela legte die Zeitung zufrieden aus der Hand. Es war eine gute Idee gewesen, die Bilder anonymisiert bei Sotheby's in die Versteigerung zu geben. Nach dem Tod von Wiegand war zudem der Termin der Steuerprüfung in ihrer Galerie verschoben worden; es gab laut der Behörde ein Personalproblem. Manuela war es nur recht. So hatte sie mehr Zeit für ihren frisch gebackenen Ehemann Markus. Die Hochzeit im Leuchtturm von Hörnum war ein toller Event gewesen, auch, wenn nur wenige Personen dort oben Platz hatten. Die restlichen 100 Gäste hatten unten, an der Hochzeitshütte, gewartet und die anschließende Feier in einem Nobelrestaurant in Kampen war das gesellschaftliche Ereignis des Jahres gewesen. Genau so musste eine Hochzeit aussehen; da war sie sich mit Markus völlig einig.

Silvana und Manni genossen den Applaus des Publikums in vollen Zügen und verneigten sich immer wieder. Seit die Geschichte um Mannis Amnesie und einem eventuellen Zusammenhang mit dem Mord an einem Hamburger Finanzbeamten auf Sylt in den Zeitungen des Landes einmal rauf- und runterdiskutiert worden war, verkauften sich die Tickets zu ihren Auftritten und die neue CD noch besser als vorher. Leider aber hatte Manni die Erinnerung bisher nur in Teilbereichen zurückgewonnen; wie er an besagtem Abend in Hörnum zu Fall gekommen und so schwer verletzt worden war, war bisher tief in den Windungen seines Musikerhirns verborgen geblieben.

Gerade als er mit Silvana eine letzte Zugabe geben wollte, war plötzlich alles wieder da. Manni stand, wie vom Donner gerührt, auf der Bühne und bewegte sich nicht. Der Abend am Wasser lief wie in einem Film vor ihm ab. Er sah die rasend wütende Martina wieder auf sich zustürmen und wich instinktiv zurück. Beinahe wäre er erneut zu Fall gekommen, nur mit Mühe fing er sich.

Die anderen Bandmitglieder sahen ihren Frontmann ratlos an. Dieser stand regungslos vor ihnen und tausenden von Zuhörern und sagte nichts. Dann sah er hinüber zu Silvana, schüttelte den Kopf und verließ die Bühne.

Silvana griff zum Mikrophon, rief geistesgegenwärtig: „Wir danken euch, kommt gut nach Hause", in die Menge, warf Kusshändchen und verschwand ebenfalls im Backstagebereich. Dort fand sie Manni, wie ein Häufchen Elend auf dem Boden seiner Garderobe sitzend, vor.

„Martina war es", murmelte er, als Silvana sich neben ihm niederließ und ihn besorgt ansah.

„Es ist alles wieder da!"

Einen Moment schwiegen die beiden.

„Weißt du denn auch wieder, warum sie dich geschubst hat?", fragte Silvana nach einer Weile und blinzelte Manni von der Seite an.

„Ja, ist mir eben auch wieder eingefallen. Wir beide haben geknutscht und wollten, zu was auch immer, ins Hotel abhauen. Sie hat uns gesehen und war ziemlich sauer!"

„Und was denkst du jetzt?"

„Ich denke", antwortete Manni, „ich denke, ich hatte an dem Abend viel mehr Lust auf einen Abend mit dir, als mit Martina und hundert Leuten, die ich zum größten Teil gar nicht kannte. Und wenn ich genau drüber nachdenke, habe ich auch keine Lust, mich noch einmal fortzupflanzen. Und Martina ist noch so jung, sie will bestimmt irgendwann

eigene Kinder!"
Silvana nickte.
„Damit solltest du unbedingt rechnen!"
„Was mach ich denn jetzt?", fragte Manni schließlich, mit einer Stimme, die eine Mischung aus schlechtem Gewissen und Erleichterung verriet.
„Ach, weißt du", antwortete Silvana mit sanfter Stimme, „Martina hat inzwischen bestimmt verstanden, dass ein Leben mit dir eine ziemlich anstrengende Sache und vor allem nicht halb so romantisch ist, wie sie sich das immer vorgestellt hat. Ich bin sicher, sie nimmt es recht gelassen auf, wenn du es ihr mit den richtigen Worten erklärst."

Die Mittagssonne stand hoch am Himmel; es war 35 Grad auf Ibiza. Zum dritten Mal an diesem Tag trug Martina 2 Eimer Wasser zur Koppel neben dem Wohnhaus. Das Pferd Angelika und der kleine Esel kamen sofort zu ihr rüber. Während die beiden Tiere ihre Köpfe in den Wassereimern versenkten, legte Martina eine kleine Verschnaufpause ein und setzte sich unter einen der Schatten spendenden Bäume.

„Ist das das Leben, welches du mit deinem Traummann hier in Spanien führen wolltest?", sagte plötzlich eine Stimme hinter ihr. Erstaunt dreht sie sich um. Hartmut Heber war mit Nelson wie aus dem Nichts neben ihr aufgetaucht.
„Papa", rief Martina erstaunt und begrüßte Nelson, der vor Wiedersehensfreude vor ihr hin und her sprang überschwänglich. „Was macht ihr denn hier?"
„Wir beide wollten mal gucken, was du so machst, wie es mit dem Tattoo-Studio aussieht und wie es sich mit deinem Alt-Rocker so lebt."
Hartmut sah sich um.
„Is nicht so dolle, oder?"

Martina schüttelte den Kopf.

„Nee, ist nicht so dolle! Und das Tattoostudio habe ich wieder aufgegeben. Hier in die Einöde verirrt sich doch kein Mensch, um sich ein Tattoo stechen zu lassen! Außerdem wurden in den letzten Tagen alle 7 Blagen von Manni hier abgegeben. Und jede einzelne der dazugehörenden Mütter erklärte mir, Silvana habe die Kinder ausdrücklich für 6 Wochen Ferien hierher auf die Finca eingeladen!"

„Verstehe", erklärte Hartmut und lächelte. „Silvana weiß sich zu helfen."

Er zog ein Foto aus seiner Tasche und hielt es Martina unter die Nase. „Was hältst du davon?"

Martina stand auf, klopfte sich die staubigen Hände ab und nahm das Bild in die Hände. „Ein Boot?"

Fragend sah sie ihren Vater an.

Hartmut nickte.

„Ja. Ich plane eine Weltreise, bevor ich beruflich wieder irgendwas anfange. Hast du Lust, Nelson und mich zu begleiten? Wir werden gut ein Jahr unterwegs sein."

Martina sprang begeistert auf. „Da fragst du noch? Natürlich komm ich mit. Wann geht es los?" Bevor Hartmut antworten konnte, winkte sie plötzlich wieder ab. „Ach, nee, geht ja nicht. Mannis Blagen sind ja noch 5 Wochen hier! Und er ist noch Monate mit Silvana auf Tournee."

„Keine Sorge, dafür habe ich schon jemanden mitgebracht", antwortete Hartmut und zeigte aufs Haus.

Im Eingang der Finca stand die Krankenschwester Renata Uppermann und winkte fröhlich herüber.

„Frau Uppermann sucht nach einer neuen Aufgabe. Ich habe sie engagiert; sie wird deine Aufgaben hier übernehmen, bis die Ferien um sind und die Kinderschar wieder abgeholt wird. Also, pack deinen Rucksack. Morgen stechen wir in See."

Ludger und Ulf verließen das Gericht in Flensburg gegen Mittag. Die Kammer hatte Veronika Strahlemann vor einer Stunde zu einer langjährigen Haftstrafe verurteilt. Ihr umfangreiches Geständnis war mildernd berücksichtigt worden, trotzdem hatte der Richter in seinem Schlusswort noch einmal auf die Heimtücke, die niedrigen Beweggründe und den Vorsatz der Tat hingewiesen. Nach Sylt, soviel stand fest, würde Veronika lange Zeit nicht mehr kommen.

Als die beiden Polizisten im Auto auf dem Shuttle nach Westerland saßen, kramte Ulf plötzlich in seiner Hosentasche. „Hier", sagte er dann zu Ludger, „hätte ich fast vergessen. Der Anwalt von Frau Strahlemann gab mir das Päckchen. Sie möchten es bitte aufheben, bis sie wieder frei ist. Sie darf es nicht mit in den Strafvollzug nehmen."

Verwundert nahm Ludger das kleine Paket und wickelte es aus. Zum Vorschein kam eine kleine Schmuckdose. Ludger öffnete sie und sah hinein.

Es dauerte einen Moment, bis er begriff. In dem Kästchen lag auf einem kleinen weißen Schmuckkissen ein strahlend schöner Diamant.

-ENDE-

Autorenportrait

Cornelia H.-Müller ist seit 2006 als
Autorin tätig. Ihr Genre sind
Mitspielkrimis,
Kinderspielgeschichten und
Theaterstücke.

Autorenkontakt über
glashauskrimi@glashauskrimi.de

Besuchen Sie Cornelia H.-Müller auf ihrer Homepage:

www.glashauskrimi.de

Weitere Bücher von Cornelia H.-Müller, erschienen im Edition Paashaas Verlag:

Krimiparty:
5 neue Fälle für Ihre Ermittlungen zu Hause
Edition Paashaas Verlag
1. Ausgabe, Mai 2011,
Paperback, 188 Seiten
ISBN: 978-3-9813928-8-3, Preis: 13,95 €

Entdecken Sie Ihren kriminalistischen Spürsinn!
Mithilfe dieses Buches können Sie zu Hause gemeinsam mit Ihren Familienmitgliedern und Gästen auf Tätersuche gehen. Sie ermitteln und befragen, Sie bewerten Tatsachen und Aussagen und Sie finden schließlich heraus, wer der Täter oder die Täterin ist.

Diese Krimis finden Sie in dem Buch:

Irrtum oder Absicht? - Für 5-7 Spieler
Mord in bester Gesellschaft - Für 6 Spieler
Muttertag - Für 8-10 Spieler
Mann über Bord - Für 7-10 Spieler
Feine Verhältnisse! - Für 7-10 Spieler

Altersempfehlung: 12 bis 99 Jahre

Krimiparty Sonderausgabe 1:
Plötzlich und erwartet

Ein Fall mit Kommissarin Henriette Kragenberg

Cornelia H.-Müller
1. Ausgabe, September 2012
Paperback, 72 Seiten,
ISBN: 978-3-942614-25-2, Preis: 7,95 €

Cornelia H.-Müller präsentiert einen weiteren Fall aus der beliebten Mitspiel-Krimi-Reihe Krimiparty:

Karl-Friedrich von Staffelberg, ein wohlhabender Gewürzfabrikant, lädt seine Familie und einige Freunde zu einem feierlichen Weihnachtsessen ein. Zum ersten Mal ist in diesem Jahr auch Karl-Friedrichs frischangetraute dritte Ehefrau, die junge und schöne Jaqueline, dabei.
Dies wäre kaum erwähnenswert, stünden nicht auch die beiden Ex-Ehefrauen des Fabrikanten, Irene und Monika, auf der Gästeliste. Zu alledem sieht sich der Gastgeber am Weihnachtsabend mit wirklich ärgerlichen Indiskretionen konfrontiert! Dennoch endet das Fest ganz harmonisch, doch am nächsten Morgen gibt es einen Toten in der Villa zu beklagen...

Helfen Sie mit, diesen mysteriösen Todesfall aufzuklären!

Mitspieler: 7 bis 10 Personen
Altersempfehlung: 12 bis 99 Jahre

Krimiparty Sonderausgabe 2:
Workshop mit Todesfolge

Ein Krimi aus dem Allgäu.

Cornelia H.-Müller
1. Ausgabe, Januar 2013
Paperback, 72 Seiten,
ISBN: 978-3-942614-39-9, Preis: 7,95 €

Cornelia H.-Müller präsentiert einen weiteren Fall aus der beliebten Mitspiel-Krimi-Reihe "Krimiparty":

Toni Burger führt gemeinsam mit seiner Frau Zenzia einen einsam gelegenen Sennerhof inmitten des wunderschönen Allgäus. An einem Wochenende trifft sich dort oben auf 1800 m eine recht gemischte Reisegruppe, um mit einem Fasten- und Meditationsprogramm dem Alltag, zumindest für kurze Zeit, zu entfliehen.
Ganz so friedlich wie die Wollschweine, die der Toni züchtet, ist die Gegend allerdings nicht, denn schon am zweiten Tag gibt es einen Toten zu beklagen.

Warum dieser sterben musste, was ein Wollschwein-Workshop unter Männern damit zu tun hat und warum ein Sylter Strandkorb auf einem Sennerhof im Allgäu steht... dies herauszufinden, wird Ihre Aufgabe sein.

Mitspieler: 7 bis 10 Personen
Altersempfehlung: 12-99 Jahre

Krimiparty Sonderausgabe 3:
Die Rache

A Thriller - für Ladies only.

Cornelia H.-Müller
ISBN: 978-3-942614-41-2
72 Seiten, Paperback,
Format 13,5 x 21,5 cm
Preis: 7,95 €
Neuerscheinung März 2013

Die Rache ist süß... und manchmal zartbitter!

8 Frauen treffen sich an einem Wochenende im November in dem einsam gelegenen Landhaus der schwerreichen Camilla von Strelitz. Dort, in den Highlands nahe Iverness, sorgen ein Stromausfall, ein durchgebrannter Gaul und ein Todesfall für reichlich Abwechslung. Ermitteln Sie mit, wenn wir versuchen, etwas Licht in diesen nebulösen Fall zu bringen.

Mitspieler: 7 bis 10 Personen
Altersempfehlung: 12-99 Jahre

Krimiparty Sonderausgabe 4:
MorgenGrauen

Ein Mitspielkrimi aus Bayern

Cornelia H.-Müller
ISBN: 978-3-942614-58-0,
Paperback, 68 Seiten,
Format: 13,5 x 21,5 cm
Preis: 7,95 €
Neuerscheinung November 2013

Lokalzeitung Wulfrathhausen:
Der Brauereibesitzer Konrad Weiblinger wurde bei einem Jagdunfall im Wulfrathshausener Forst tödlich verletzt.
Nähere Umstände zu dem tragischen Unglück sind bislang nicht bekannt. Der Unternehmer war weit über die Grenzen Bayerns hinaus bekannt und geschätzt. Besonders tragisch ist, dass Konrad Weiblinger am kommenden Montag die Münchner Immobilienhändlerin Susanne Schwammberger heiraten wollte...

Mitspieler: 7 bis 10 Personen
Altersempfehlung: 12 bis 99 Jahre

Krimiparty Sonderausgabe 5:
Spargelsilvester

Ein ländlicher Krimi nicht nur zur
Spargelzeit!

Cornelia H.-Müller
ISBN: 978-3-942614-71-9,
Paperback,
68 Seiten,
Format: 13,5 x 21,5 cm
Preis: 7,95 €

Harry Petterson, Spargelbauer und Besitzer von Gut
Landswede in Schleswig-Holstein, hat großen Grund zur
Sorge. Ein hässlicher Erbstreit trübt die Stimmung in der
Familie ebenso, wie das außergewöhnliche Geschenk,
welches Hetty dem gemeinsamen Sohn Heiko ohne jede
Absprache zum 22. Geburtstag gemacht hat.

Und Tochter Syke? Sie treibt sich neuerdings auffällig oft im
Heu herum und zickt mit ihrer aus Amerika angereisten
Kusine Jaba um die Wette.
Als das für die Landarbeiter, Freunde und Nachbarn
ausgerichtete Spargelfest zum Saisonende für einen der
Bewohner des Hofes tödlich endet, beginnt der Alptraum für
Harry und die Seinen allerdings erst so richtig!

*Und als besonderes Highlight gibt es passend zum Krimi
noch ein Spargelrezept von Sternekoch Sascha Stemberg!*

Mitspieler: 7 bis 10 Personen
Altersempfehlung: 12-99 Jahre

Krimiparty Sonderausgabe 6 - Inkognito
- ein Hotelkrimi
Cornelia H.-Müller
ISBN: 978-3-945725-12-2
Paperback, 76 Seiten,
Format 13,5 x 21,5 cm
7,95 €
Neuerscheinung Februar 2015

Krimiparty Sonderausgabe 6 - Inkognito
Cornelia H.-Müller präsentiert einen weiteren Fall aus der
beliebten Mitspiel-Krimi-Reihe "Krimiparty":

Spitzenkoch Jaques Pampelmues steht vor seinem größten
Triumph; nachdem sein Kochbuch „Jaques á la Carte" seit
Wochen auf den Bestsellerlisten steht, plant der
Fernsehproduzent Frank Bachhausen jetzt eine eigene
Kochshow im TV mit ihm. Man sollte annehmen, dies seien
wunderbare Nachrichten für Jaques und seine tüchtige Frau
Wanda, aber warum zickt Letztere plötzlich so herum? Und
warum checkt die Schauspielerin Vanessa Steenhagen unter
falschem Namen im Hotel Pampelmues ein?
Eine Leiche in Zimmer 223, ein Feueralarm und zwei
vertauschte Koffer führen zu weiterer Verwirrung in diesem
undurchsichtigen Fall.

Ermitteln Sie mit, wenn wir versuchen, die seltsamen
Vorgänge im Hotel aufzuklären.

Mitspieler: 7 bis 11 Personen
Altersempfehlung: 12-99 Jahre

Krimiparty Sonderausgabe 7 Bayern-Spezial

Cornelia H.-Müller
mit 2 Fällen: MorgenGrauen + Neues aus Wulfrathshausen
Paperback, 144 Seiten, Format: 13,5 x 21,5 cm
ISBN: 978-3-945725-45-0
11,95 €
März 2016

Krimiparty Sonderausgabe 7 "Bayern-Spezial"
Cornelia H.-Müller präsentiert 2 Fälle aus Bayern aus der beliebten Mitspiel-Krimi-Reihe "Krimiparty".

- Fall 1: MorgenGrauen
- Fall 2: Neues aus Wulfrathshausen

Beide Kriminalfälle sind unabhängig voneinander spielbar. Selbstverständlich ist auch dieser Sonderband wieder mit dem Internet verbunden, sodass Sie sich das benötigte Zubehör wie Einladung, Tischtext, Spielertexte und Namensschilder bequem im Bereich 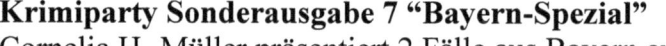Downloads - Krimiparty herunterladen können.

Mitspieler: 7 bis 11 Personen;
Altersempfehlung: 12-99 Jahre

Krimiparty Kids - Band 1
Kunstraub in New York
Cornelia H.-Müller
Cover-Motive:
Marc Tollas / pixelio.de
Jens Kühnemund / pixelio.de
Cover designed by Michael Frädrich
© Edition Paashaas Verlag,
ISBN: 978-3-945725-25-2
Neuerscheinung Juli 2015
Paperback, 56 Seiten,
Format 13, 5 x 21,5 cm
€ 7,95

Krimiparty Kids: Kunstraub in New York!
Der Künstler Harm Airbrush wittert die Chance seines
Lebens, als eine New Yorker Galeristin völlig überraschend
einen Besuch in seinem Hamburger Atelier ankündigt.
Sie ist allerdings nur an einem einzigen Bild interessiert und
dieses verschwindet wenig später auf rätselhafte Weise. Die
Ermittlungen führen unsere Mitspieler bis nach New York.
Werden sie den Kunstdieb entlarven können?

*Krimis lesen ist spannend, aber selbst einmal in einem
Kriminalfall mitzuspielen und zu ermitteln, ist noch viel
interessanter!*

**Anders als bei der beliebten Krimiparty-Reihe geht es bei
Krimiparty Kids nicht um Mord. Daher sind diese
Ermittlungen auch für ein jüngeres Publikum bestens
geeignet.**
Altersempfehlung: ab 12 Jahren
Mitspieler: 6 bis 7 Personen

Alle Bücher sind unter: www.verlag-epv.de zu bestellen oder auch überall im Buchhandel erhältlich.

Dort gibt es auch weitere Informationen zur Autorin und Leseproben.